# AI 시대의 데이터과학자

## AI문고

인공지능 시대입니다. 기계가 인간의 인지를 대신하고, 사물이 인간을 통하지 않고 다른 사물과 직접 커뮤니케이션합니다. 이에 따른 인간 삶과 문명 변화를 정확히 이해·예측·대응하는 것은 이 시대 우리 모두의 과제입니다. AI문고는 인공지능 기술과 환경의 여러 주제를 10가지 키워드로 정리합니다. 관련 개념과 이론, 학계와 산업계의 쟁점, 우리 일상의 변화를 다룹니다. 인간과 기술의 현재, 미래를 세심히 분석합니다.

## 일러두기

- 인명, 작품명, 저서명, 개념어 등은 한글과 함께 괄호 안에 해당 국가의 원어를 병기했습니다.
- 외래어 표기는 현행 어문규정의 외래어표기법을 따랐습니다.

처음이세요?

전문가세요?

# AI 시대의 데이터과학자

이선형

대한민국, 서울, 커뮤니케이션북스, 2025

AI 시대의 데이터과학자

지은이 이선형
펴낸이 박영률

초판 1쇄 펴낸날 2025년 1월 24일

커뮤니케이션북스(주)
출판 등록 2007년 8월 17일 제313-2007-000166호
02880 서울시 성북구 성북로 5-11
전화(02) 7474 001, 팩스(02) 736 5047
commbooks@commbooks.com
www.commbooks.com



ISBN 979-11-7307-230-7 03500

책값은 뒤표지에 표시되어 있습니다.

# 차례

# AI 시대에 데이터과학자 되기

데이터과학자라는 직업이 세상에 알려지기 시작한 것은 '세계에서 가장 섹시한 직업'이라는 타이틀을 달게 되면서다. 2012년 10월 하버드 비즈니스 리뷰(HBR, Harvard Business Review)에 "데이터과학자는 21세기 가장 섹시한 직업(Data Scientist: The Sexiest Job of the 21st Century)"이라는 제목의 글이 게재되었다. 이 글이 여러 기사에 인용되면서 한국에서도 데이터과학자라는 직업이 알려지게 된 것이다. 데이터과학이라는 분야가 한국에서 생소한 상황에서 데이터과학자라는 직업이 먼저 소개되었고, 정확하게 이 직업이 어떤 일을 하는지, 각 분야에서 어떤 역할을 하는지보다는 이 일을 하는 사람들이 얼마나 돈을 많이 버는지에 관심이 집중되었다. 당시에는 데이터과학이 새로운 분야였고 데이터과학자의 수가 소수였으므로 대부분 높은 연봉을 받은 것은 사실이다. 그렇다면 약 12년이 지난 지금, 데이터과학자의 현재는 어떠할까? 생각보다 많은 데이터과학자들이 현장에서 일하고 있지만 대중에게 여전히 미지의 직업이고, 같이 일하는 사람들마저도 데이터과학자가 정확하게 어떤 일을 하는지 모르는 경우가 많다.

필자는 대학원생이었을 때 이 기사를 접했는데 데이터과학자라는 직업뿐만 아니라 데이터과학이라는 분야 자체도 생소했다. 데이터과학이 어떤 분야인지 잘 몰랐지만 직관적으로 '데이터'를 과학적으로 활용한다는 것은 알 수 있었다. 그리고 데이터가 점점 더 증가하는 상황에서 데이터를 다루는 직업이 더 많이 필요하고 생길 것이라고 생각했다. 이는 사회학 박사 과정의 시작 단계에서 어떤 직업을 목표로 해야 할지에 대한 해답이기도 했다. 데이터과학자가 되겠다는 구체적인 목표는 아니었지만 파이썬(Python) 프로그래밍이나 데이터베이스에서 데이터를 다루는 것은 꾸준히 학습했다. 결과적으로 프로그래밍 및 데이터를 다뤄 본 경험은 사회학 전공으로 데이터과학자가 되는 데 중요한 역할을 했다. 데이터과학자 포지션에서 요구하는 5~10년 경력에 적합한 대체 요건이 되었고, 스타트업에서 데이터과학자로 일하는 기회를 얻었다.

회사는 영입하는 인재의 역량을 완전히 신뢰할 수 없으므로 조직이 큰 회사일수록 경력이나 자체 평가를 통해 인재를 영입해 불확실성을 낮추고, 직원에게 구체적인 업무가 주어진다. 스타트업도 인재 영입에서는 불확실성을 낮추기 위한 기준이 있지만 데이터과학자에게 주어지는 업무의 범위와 내용에는 차이가 있다. 스타트업은 회사의 확장과 다른 회사와의 차별화를 위해 새롭고 다양한 시도를 많이 하고, 이는 데이터과학자 업무에도 영향을 미친다. 필자가 다닌 회사는 광고회사였기 때문에 더 다양한 시도가 가능했을지 모른다. 중요한 것은 데이터과학자라는 직업이 대규모 조직에서만 필요한 직업이 아니며, 데이터과학자 개인에게는 회사의 규모보다 다양한 기회를 제공하는 조직이 성장에 더 도움이 될 수 있다는 점이다.

광고회사를 다닐 때 명함에는 데이터과학자 포지션 이름이 있었지만 스스로를 그렇게 소개한 적은 별로 없다. 개발자, 마케터, 데이터분석가 등은 직업을 말하면 대략 어떤 일을 하는 사람인지 알 수 있지만 데이터과학자는 그런 직업이 아니었다. 그리고 주니어 데이터과학자들은 함께 일하는 사람이나 그 분야에서 데이터과학자로서 인정을 받는 것이 중요하다. 즉, 데이터과학자라는 직업을 가지고 있지만 실제 데이터과학 관련 업무를 하지 않는 경우가 있고, 진짜 업무를 하는 사람들은 '잘' 해내서 데이터과학자라는 것을 입증할 필요가 있다. 이는 조직으로부터의 인정과 더불어 스스로도 데이터과학자라는 직업에 확신을 얻는 과정이다. 한편, 이 과정에는 다양한 어려움과 실패가 존재하는데, 체계적인 데이터과학 교육을 받지 못한 데다 다양한 시도 끝에 마주하는 실패는 사회에 막 진입한 데이터과학자에게 좌절을 안겨 줄 수 있다. 그러나 이러한 실패를 극복하고 꾸준한 학습을 통해 얻는 성과는 데이터과학자로서 자신감을 쌓는 데 도움이 된다.

사람들에게 '데이터과학자'라고 적극적으로 소개하기 시작한 것은 공공기관으로 이직을 하면서부터다. 비즈니스 영역에서는 익숙한 직업이지만 공공 영역에서는 여전히 생소한 직업이고, 이제 데이터과학자라는 직업은 하나의 전문직이자 일반적 직업으로 인식될 필요가 있다. 데이터과학은 추상적인 개념이 아닌 하나의 전문적 분야이며, 데이터과학자도 다양한 분야에서 폭넓게 활용될 수 있는 필수적인 직업이다. 따라서 이 책은 데이터과학자에 대한 이해를 돕기 위해 필요한 기초 지식과 역량을 소개하고, 데이터과학자로 일하면서 경험한 내용을 공유하고자 기획되었다. 각 장에는 데이터과학자로서 갖추어야 할 역량과 실제 업무에서 어떤 일을 하는지, 직면하는 어려움과 해결해야 하는 문제는 무엇인지를 구체적으로 다루었다.

## 데이터과학자에게 필요한 지식과 역량

초반부는 1장부터 4장까지로, 데이터과학자에게 필요한 기초 지식과 역량에 대해 이야기한다. 1장은 데이터가 데이터과학자에게 왜 중요하고, 우리가 일상에서 접하는 데이터가 어떻게 수집되고 활용되는지를 다룬다. 데이터는 단순한 자료가 아니라 정확한 판단과 의사 결정을 위한 중요한 재료임에도 이 부분을 잘 놓치기 때문이다. 필자는 데이터과학자를 요리사에 비유하곤 하는데, 요리의 재료가 맛과 완성도를 결정하는 것처럼 데이터는 분석의 정확성과 신뢰성을 결정짓는 핵심 요소다. 예전에는 주어진 데이터를 활용하는 경우가 많았지만 이제는 데이터과학자가 직접 데이터를 수집하고 변환하므로 과거의 데이터부터 현재의 데이터까지 이해하는 것은 필수적이다. 그리고 개념 위주로 설명하지 않겠다고 했지만 빅데이터 개념 설명은 반드시 짚고 넘어가야 했다. 빅데이터 관련 업무를 하거나 강의에서 생각보다 많은 사람들이 빅데이터에 대해 잘 이해하지 못하고 있었기 때문이다. 빅데이터의 개념 설명에서 '대규모'가 어느 정도인지 설명이 따로 없기도 하고 '빅데이터' 용어를 붙이기 위한 구체적인 조건을 모르는 이유에서다. 사실 중요한 것은 다루고자 하는 데이터가 얼마나 많은가가 아니라 빅데이터 기술이 필요한가 하는 점이다. 데이터과학 분야도 마찬가지다. 이 분야에 대한 이해가 선행되지 않고 데이터과학자의 역량이나 업무를 제대로 알기 어렵다.

2장에서는 데이터과학자 직업의 등장과 필요성, 오해에 대해 설명한다. 특히 데이터과학자와 데이터분석가의 차이, 실패에 익숙해지는 것에 대해 강조한다. 데이터과학자도 데이터 분석을 하기 때문에 어느 정도 데이터분석가의 업무와 유사한 부분이 존재한다. 데이터를 선정할 수 있는 시야는 경험에 의존하므로 필자를 비롯해 초기의 데이터과학자들 중에 데이터분석가로 시작하는 경우도 있다. 그리고 알고리즘도 수학이나 통계 개념에서 시작했으므로 통계적 사고나 문제 해결이 데이터과학적 사고방식이 아니라고 할 수 없다. 이러한 이유로 두 직업을 비슷하게 생각하기 쉽지만 분명 다른 직업이며, 데이터과학자 업무를 이해하려면 두 직업의 차이를 알아야 한다. 보통 데이터과학자는 데이터분석가와 일을 하게 되는 경우가 많은데, 서로의 업무 범위와 내용을 구체적으로 알지 못한다면 협업에서 어려움을 겪을 수 있다.

실패에 익숙해지는 것은 데이터과학자에게만 하는 조언은 아니다. 다만, 데이터과학자라는 직업이 가지고 있는 환상과 기대치, 목표 의식이 다른 직업보다 높은 편이고, 현재 존재하지 않거나 새로운 것을 시도해야 하는 부담이 늘 존재한다는 차이가 있다. 새로운 시도는 성공의 보장보다 실패할 가능성이 높으므로 이를 인정하고 일을 시작해야만 다양한 시도를 해 볼 수 있는 것이다. 그리고 실제로 '실패'는 시도의 과정으로 조금씩 개선해 나가면서 더 나은 결과에 도달하고 발전할 수 있다.

3장에서는 데이터과학자에게 필요한 역량에 대해 이야기한다. '데이터과학자의 핵심 역량'이라고 검색하면 쉽게 정보를 찾을 수 있지만 현실적으로 그 역량이 모두 필요한지, 각 역량을 어떻게 갖추어야 하는지에 대한 정보는 많지 않다. 따라서 이 장에서는 데이터과학자의 대표 핵심 역량인 데이터 리터러시(data literacy), 코딩과 프로그래밍, 커뮤니케이션 능력이 필요한 이유와 실질적인 준비 내용을 설명하고자 했다. 특히 코딩과 프로그래밍에 대한 설명에 무게를 많이 두었다. 필자가 데이터과학자로 일하면서 코딩과 프로그래밍에 대한 질문을 가장 많이 받았고, 잘못 준비하는 경우가 많기 때문이다.

파이썬이나 R과 같은 프로그래밍 언어(programming language)는 다양한 목적으로 사용되지만 대부분 개발자들이 활용하다 보니 학습 도서를 잘못 선택할 가능성이 있다. 물론 시간을 들여 프로그래밍 언어를 깊이 이해하면 좋지만 데이터과학자는 앱을 만들거나 개발 환경을 구축하는 사람이 아니므로 데이터를 잘 다루고 모델링을 하는 것에 집중해서 준비해야 한다. 파이썬과 같은 프로그램으로 데이터를 다루는 것이 처음에는 시간이 많이 걸리지만 익숙해지면 엑셀보다 더 편리하다는 것을 알게 된다. 그리고 지금은 코딩이나 프로그래밍을 배울 수 있는 환경이 잘되어 있어 이를 해낼 수 있느냐 없느냐는 의지의 문제가 되었다. 한편, 또 다른 역량인 소통 능력은 내향적인 사람에게도 크게 문제 되지 않는다. 데이터과학자에게 요구되는 소통은 협업을 하는 다른 직군에 대한 이해도와 더 관련이 있는 것이지 대화나 대응의 기술과 같은 물리적 접촉에 대한 것이 아니다.

초반부의 마지막인 4장은 도메인 지식에 관한 내용으로 구성했다. 도메인 지식도 데이터과학자의 핵심 역량으로 볼 수도 있지만 이는 학습의 영역이라기보다 일종의 경험치에 정보력을 더한 것에 가까우므로 3장의 핵심 역량과는 다른 접근과 준비가 필요해 분리했다. 초기 데이터과학자들에게는 크게 요구하지 않았고, 기술적 역량이 더 강조되다 보니 그 중요성이 상대적으로 낮았으나 이제는 데이터과학자에도 도메인 지식은 중요한 영역이다. 하나의 좁고 깊이 있는 전문 지식을 쌓기보다는 큰 범주를 먼저 선택하는 것이 중요하다. 예를 들어, 필자가 회사를 다닐 때는 광고 관련 도메인 지식이 큰 범주의 도메인 지식이었다. 여기에 호텔, 게임, 의류, 학습지 등 각 광고주와의 프로젝트를 위해 관련 사업의 도메인 지식도 필요했다. 각 사업의 도메인 지식을 빠른 시간에 쌓는 것에는 마케팅 팀과의 협업이 상당한 도움이 되었다. 공공기관에서도 약물과 관련된 자살이나 마약 관련 연구를 진행할 때, 보건 분야는 큰 범주의 도메인 지식에 해당된다. 마약이나 자살 등 하위 범주는 관련 전문가들로부터 자문을 얻거나 이 분야 연구를 해 온 동료 연구자의 도움을 받았다. 이러한 경험을 바탕으로 도메인 지식의 중요성과 이를 습득하는 방법을 본문에 실었다.

## 데이터과학자의 일

5장부터 7장까지는 데이터과학자가 하는 일과 역할에 대해 비즈니스 분야와 공공 영역을 구분해 정리하고 데이터과학자가 직면하는 현실적인 문제와 극복해야 하는 과제로 구성했다. 비즈니스와 공공 영역에서 필자가 실제 수행한 내용과 더불어 잘 알고 있는 사례를 중심으로 직무 정보를 제공하고자 했다.

비즈니스 분야에서 데이터과학자 업무나 성과 내용은 아주 일반적이거나 성과 중심적이다. 경쟁으로 인해 기업들이 활용 사례 공개에 적극적이지 않으며 데이터과학자도 비밀 유지 의무 때문에 공개를 꺼린다. 그래서 공개해도 되는 보편적인 업무 내용이나 함축적인 결과물이 대부분이다. 기업에서 가지고 있는 데이터의 특성, 목표 수정, 전략의 복잡성 등 전체 과정을 요약해 공개하기가 어렵다는 점도 있다. 예를 들어, 필자가 수행한 앱 유저(App User) 분석의 목표는 매출이 높은 고객의 초기 행동 특성을 파악하는 것이었다. 그런데 분석 과정에서 광고로 유입된 유저 중 앱 설치 후 이탈하는 유저의 70%가 일주일 내 앱을 삭제하는 것을 발견했다. 로열티 고객을 관리하는 것도 중요했지만 이탈 고객 관리와 전략이 필요한 상황이었다. 기존 목표를 유지하면서 새로운 목표가 추가된 것인데, 외부에 공개하기에는 개인정보 및 영업 비밀 등 문제가 존재한다. 복잡한 분석 과정과 전략 방향을 하나의 스토리로 설명하는 것도 데이터과학자에게 또 다른 도전이다. 그러나 결국에는 데이터과학자 양성을 위한 실무 기반 훈련을 위해서 비즈니스 분야에서도 과정 중심의 프로젝트 성과 공유는 필수가 될 것이다.

6장의 공공 영역에서 데이터과학자의 역할은 비즈니스 영역보다 구체적인 사례를 제공했다. 사례 공유가 비즈니스 영역보다 자유롭지만 데이터과학 관련 사례로 공개되지 않는 문제가 있다. 공공 영역에서 데이터과학자는 잘 드러나지 않으며 데이터과학이라는 분야나 융합 연구에 대해서도 소극적으로 대응해 왔다. 공공기관에서 데이터과학자는 대부분 연구직으로 데이터과학 관련 과제를 개발하고 연구하는 중장기 프로젝트를 수행하는데 채용 기회가 많지 않다. 더욱이 인문사회과학 분야 연구 기관에는 데이터과학자가 없거나 한두 명 존재한다. 그러나 점점 과학기술 분야와 인문사회 분야의 융합 연구의 필요성과 사회적 요구가 모두 증가하고 있어 연구 분야에서 데이터과학자의 역할은 더 두드러지고 있다. 비즈니스 분야는 데이터과학자를 더 직접적으로 필요로 하지만 오히려 데이터 활용 범위가 한정적인 경우가 있다. 반면 공공 영역에서는 데이터 및 기술 활용이 급격히 증가해 데이터과학자에게는 더 큰 기회가 될 수 있다.

7장에서는 데이터과학자가 경험하게 되는 현실적인 문제와 극복해야 하는 어려움을 정리했다. 데이터과학자로 일하면서 가장, 그리고 자주 직면하는 문제는 데이터가 없다는 것인데, 우리가 알고 있는 큰 기업마저도 데이터가 정리되지 않거나 아예 존재하지 않는 경우가 있다. 비즈니스 분야의 데이터는 예민한 정보는 제외하거나 가명 정보처럼 다른 값을 넣어 제공되는데, 이러한 데이터를 사용하면 모델링과 인사이트 설명 모두에서 한계가 발생한다. 사실 이는 데이터로부터 오는 문제이지만 데이터과학자가 결과에 대한 책임이 있으므로 초기 데이터 준비 과정부터 예측 가능한 문제를 인지할 필요가 있다. 데이터가 없다는 것은 자료는 있지만 '분석 가능한 데이터'가 없다는 뜻이다. 그러면 데이터과학자는 그 자료에서 분석 가능한 데이터를 추출하거나 이제부터라도 쌓아야 한다. 전자는 시간을 들이면 되지만 후자는 실질적인 비용이 발생하므로 경영진을 설득해야 하는 등 추가적인 노력이 요구된다. 이 외에도 다양한 문제에 직면하는데, 강조하고자 하는 것은 데이터과학자가 설계 외에 고민해야 하는 부분이 많다는 점이다.

또 다른 현실적인 문제는 인건비다. 공공기관은 1년 동안의 예산을 정부나 지자체로부터 지원받고 별도의 이익 창출 기회가 없어 비용 지출이 제한적일 수밖에 없다. 문제는 데이터과학자의 인건비 책정이 비즈니스 분야에 비해 현저히 낮다는 점이다. 업무 난이도나 방식으로부터 오는 차이가 아니다 보니 공공기관이나 정부기관에서 데이터과학자로 일하려는 사람이 적은 형편이다. 막상 채용을 해도 동료 데이터과학자가 별로 없어 조언을 구하기 어렵고, 협업할 기회도 많지 않다. 그렇지만 공공의 이익을 위해 데이터과학을 적용해 사회적 가치를 창출하고 공공기관이 데이터 기반 의사 결정을 통해 더 효율적이고 투명한 행정을 실현할 수 있도록 돕는 데이터과학자의 기여는 더욱 중요해질 것이다. 장기적으로는 데이터과학자의 역할과 가치가 인정받아 인건비나 처우도 개선될 가능성이 있다.

## 성공적인 데이터과학자 되기

8장부터 10장까지는 데이터과학자가 되기 위한 현실적인 준비 과정과 전문성을 키우는 방법을 정리했다. 8장에서는 이공계와 사회과학 전공자, 실무자가 데이터과학자로 전환할 때 장점과 필요한 역량을 설명했다. 이 외 전공에서도 데이터과학자로 전환하고자 하는 학생이 있겠지만 이공계와 사회과학에서 더 많이 양성되는 것이 일반적이고, 필자가 경험이 없는 전공까지 다루기에는 한계가 있다. 중요한 것은 어떤 전공에서 전환하더라도 전공 교육과정 내에 부족한 부분을 채울 수 있는 기회가 적다는 것이다. 따라서 데이터과학자가 되려면 독학을 하거나 별도의 교육과정에 참여해야 한다. 어떤 전공이 더 유리하다고 단정할 수 없으며, 데이터과학자가 되기 위한 훈련 과정에서 각자 넘어야 하는 심리적 허들은 존재하기 마련이다. 사회과학 전공자라면 프로그래밍 언어 습득이, 이공계 전공자라면 도메인 지식이나 창의적인 문제 해결 방법을 찾는 것이 나름의 넘어야 할 산일 것이다. 그 산의 높이는 개인차가 있지만 학습과 경험을 통해 누구나 충분히 극복할 수 있다.

9장은 데이터과학자를 목표로 할 때 최적의 경로를 선택하기 위한 전략에 도움이 되는 내용으로 구성했다. 데이터과학 분야 전공자가 되기 위한 경로는 다양하지만 전공 선택, 초기 커리어, 연구직 데이터과학자를 중심으로 설명했다. 특히 연구직 데이터과학자를 따로 설명한 이유는 잘 드러나지 않는 것에 비해 실제로 현직에서 일하고 있는 사람들이 많고, 데이터과학 분야에서 필요한 직군이기 때문이다.

데이터사이언스학과가 대학에서 신설되었지만 여전

히 진학을 고민하는 학생들을 자주 마주한다. 대학 전공이 졸업 후 진로와 직결되지 않는 경우가 많고, 오히려 사회에 나가 새로운 일을 경험하며 경력을 쌓는 경우도 많기 때문일 것이다. 대학 졸업장보다 실무 경험이나 자격증이 더 중요한 직군도 있다. 그러나 데이터과학자는 데이터를 잘 다루고 기술적 역량도 요구되므로 전공과의 연결성이 더 강조되는 편이다. 따라서 데이터사이언스학과가 아니더라도 연관성이 있는 학과를 선택한다면 차선이 된다. 한편, 주니어 데이터과학자의 초기 커리어 단계에서는 눈에 띄는 성과보다 실패를 더 경험할 수 있다. 경력이 있는 데이터과학자도 실패를 자주 경험하지만 주니어 데이터과학자가 실패로 입는 타격이 더 클 수 있다. 실패가 당연한 것은 아니지만 실패 때문에 다음 시도에 주저하거나 소극적인 태도는 데이터과학자로 성장하는 데 걸림돌이 된다.

마지막 10장에서는 AI 기술 활용의 대중화와 일상화라는 변화에서 데이터과학자의 새로운 역할에 대해 설명했다. AI 기술 '활용'에는 단순하게 사용하는 것을 넘어 기술을 현실에 적용하거나 효율성을 증대시키는 일이 포함된다. 이러한 일에는 기존 기술을 일부 활용하고 데이터과학자가 새로운 기술을 만드는 것도 포함된다.

예를 들어 리걸테크 분야에서는 판결문에서 자동으로 데이터를 추출해 보고서를 작성하는 기술을 만드는 데 관심이 있다. 여기서 데이터과학자는 이 아이디어를 현실화하기 위한 전체 과정을 설계할 수 있어야 한다.

최근 AI 기술에서 강조하는 기능이 바로 '스스로'다. AI 알고리즘이 자동으로 데이터를 수집하고 처리해 스스로 업데이트하고 최적화하는 것을 기대한다. 이러한 AI의 자율성과 복잡성은 예측 불가능하므로 법적 규제는 필수적으로 등장하기 마련이다. 한국에는 아직 관련 법규가 없지만 딥페이크 등 사건이 발생하면 높은 사회적 관심을 받는 만큼, 데이터과학자라면 윤리적 또는 법적 문제에 관심을 가질 필요가 있다.

## 데이터과학자의 미래

"데이터과학자는 21세기 가장 섹시한 직업"이라는 기사가 실린 지 10년 후인 2022년 7월, 하버드 비즈니스 리뷰에는 "데이터 사이언티스트는 매력적인 직업일까?(Is Data Scientist Still the Sexiest Job of the 21st Century?)"라는 제목으로 글이 실렸다. 이 글에서 데이터과학자의 고용 수요는 여전히 높다고 설명한다. 다만, 2012년 당시에는 데이터과학자가 데이터과학 응용 분야의 모든 작업을 수행할 수 있을 것이라고 믿었다면 지금은 데이터과학 관련 직업인 AI 전문가, AI 분석가, 기계학습 엔지니어 등이 증가했다는 점을 강조한다. 이러한 변화는 데이터과학자가 다른 직업으로 대체 가능하다는 것이 아니라 관련 직업의 상호 보완적 역할이 필요한 것과 관련이 있다. AI 시대에는 하나의 직업으로 AI 시스템을 성공적인 결과물로 만드는 것이 불가능하기 때문이다.

앞서 언급한 두 글에서 데이터과학자는 "빅데이터 세계에서 새로운 것을 발견할 수 있는, 교육을 받고 호기심을 가진 고급 전문가"로 정의된다. 데이터과학자야말로 추상적이거나 상상하는 것을 실체화하는 직업이다. 데이터과학자가 특별해 보이는 것은 불가능한 것을 가능하게 하는 마술사 같은 직업이라서가 아니라 여전히 적극적인 인재 양성이 잘 이뤄지지 않아 그 수가 적고 데이터과학자에게 기대하는 역할이 크기 때문이다. 이는 데이터과학자가 되려는 사람들에게는 막연한 목표처럼 보일 수 있으며 데이터과학자로 일하고 있는 사람들에게는 부담이기도 하다. 그러나 데이터과학자는 더 이상 모든 문제를 해결하는 만능 해결사가 아니라, 특정 분야에서 깊이 있는 전략과 통찰을 제공하는 전문가로 자리매김하고 있다. AI 시대에 발맞춰 변화와 혁신을 이끌어 가는 핵심 직업 중 하나로서 계속해서 우리 사회에 필요한 직업이 될 것이다. 이 책이 데이터과학자의 길을 걷고자 하는 이들에게 실질적인 지침이 되고, 변화의 흐름 속에서 자신만의 역할을 찾는 데 도움이 되기를 바란다.

## 참고문헌

김효혜(2019.6.4). [매경이 만난 사람] 취임 100일 맞은 '산학협력 대가' 김우승 한양대 총장. 매일경제. https://www.mk.co.kr/news/society/view/2019/06/384217

박창호(2019.4.22). 동명대, '사회맞춤형산학협력선도대학(LINC)'로 선정돼. 노컷뉴스. https://www.nocutnews.co.kr/news/5138647

Davenport, T. H., & D. J. Patil.(October, 2012). Data Scientist: The Sexiest Job of the 21st Century. *Harvard Business Review*, 90(10): 70-76.

Davenport, T. H., & D. J. Patil.(July 15, 2022). Is Data Scientist Still the Sexiest Job of the 21st Century?. *Harvard Business Review*. https://hbr.org/2022/07/is-data-scientist-still-the-sexiest-job-of-the-21st-century

# 01
# 데이터, 빅데이터, 데이터과학

데이터과학자에게 가장 중요한 역량은
데이터를 이해하고 다루는 것이다. 데이터는 곧
분석을 위한 재료이므로 데이터의 생성과
실제를 아는 것은 필수적이다. 그리고
빅데이터와 데이터과학은 데이터과학자의
등장을 설명하는 데 뗄 수 없는 개념이다.
사전적인 개념 설명을 벗어나 왜 이러한 개념을
알아야 하는지를 중심으로 이야기하고자 한다.

AI와 1인 창업?

## 데이터는 왜 필요할까

데이터(data)는 'datum'의 복수형으로 자료를 의미한다(두산백과). 자료는 그냥 만들어지는 것이 아니라 누군가 기록하고 의도적으로 구성하는 것이다. 그렇다면 데이터는 누가 기록하고 왜 필요할까? 우리 일상에서 자주 볼 수 있는 하나의 예시를 들어 보자. 병원에서 진료 기록은 의사나 간호사가 작성한다. 환자의 진료 내용은 과거의 상태를 통해 현재 질병의 진행을 판단하고 치료 결과를 예측할 수 있는 자료다. 그리고 한 명의 환자가 아닌 여러 명의 환자 자료가 모이면 특정 병원이나 질병군을 분석할 수 있다. 결국 데이터는 판단, 의사 결정, 예측 등 다양한 목적을 위한 재료인 셈이다.

좋은 재료를 사용하면 좋은 상품이 나오듯이 데이터의 상태나 질적 수준은 분석의 결과에 큰 영향을 준다. 그런데 데이터는 과일이나 종이 등 물리적 실체가 아니므로 품질을 판단하기 어렵고, 아직 목적이 정해지지 않은 상태에서 단순하게 기록하는 경우가 많다. 데이터가 아무리 많아도 쓸 수 없다면 무용지물인 것이다. 때문에 데이터의 품질이란 데이터 분석 목적에 적합한 데이터의 '존재'를 의미하며, 이를 알아보고 찾아내는 것이 중요하다.

디지털 시대 이전에 데이터 공급은 제한적이었다. 이 시기의 데이터는 통계청에서 제공하는 데이터와 같은 집계 데이터가 일반적이었으며, 설문조사 데이터와 같이 특정 목적으로 수집된 데이터들이다. 그러다 온라인 공간이 확장하면서 새로운 방식의 데이터가 생성되기 시작했다. 바로 사용자를 통해 만들어지는 데이터다. 대표적으로 블로그와 온라인 커뮤니티를 예로 들어 보자. 블로그는 주로 사적인 내용 작성이 목적이지만 블로거에 의해 글이 기록되고, 정보 제공 측면에서 확장성이 있어 데이터 분석에 많이 활용된다. 온라인 커뮤니티는 블로그보다 폐쇄적이어서 정보 확산성은 낮지만 댓글을 통해 구성원 내 정보 교류가 활발하다. 따라서 특정 관심사나 주제에 대한 구성원들의 의견을 연구한다면 커뮤니티 게시글과 댓글은 중요한 데이터가 된다.

블로그나 온라인 커뮤니티 데이터와 달리 사용자가 만들지만 인지하기 어려운 데이터도 있다. 디지털 전환이 활발해지면서 온라인에서 이루어지는 활동들은 디지털 흔적(digital footprint)을 남기게 된다. 예를 들어 온라인 쇼핑몰에 방문하거나 검색 포털에서 검색하는 행동들이 디지털 데이터로 기록된다. 온라인 쇼핑몰에 기록되는 데이터는 방문한 시간, 각 페이지에 머문 시간,

장바구니에 넣은 아이템 정보 등이다. 이 데이터는 고객 관리와 운영 등 기업의 사업뿐만 아니라 다양한 기술적 대응을 위해 활용된다. 검색 포털에 기록되는 데이터는 검색한 단어, 검색한 날짜와 시간, 검색한 IP의 지리 정보 등이다. 이러한 데이터는 주간 키워드 랭킹, 특정 키워드 검색 트렌드 등 정보 제공에 활용된다. 이처럼 온라인 공간 확장과 디지털 전환은 데이터 생성과 활용도를 증대시켰다. 그리고 데이터의 종류만 다양해진 것이 아니라 데이터의 절대적 양도 증가했다. 바로 빅데이터가 등장한 것이다.

## 빅데이터 세상

빅데이터는 "통상적으로 사용되는 데이터의 수용 한계를 넘어서는 크기의 데이터", "디지털 환경에서 생성되는 대규모 데이터"로 정의한다(위키백과, 네이버 지식백과). 그렇다면 데이터의 양이 어느 정도 되어야 빅데이터라고 할 수 있는지 궁금해진다. 사실 빅데이터 개념에는 데이터의 절대적 '양'이 많아진 것과 더불어 텍스트, 이미지, 음성 등 데이터의 형태가 다양해진 변화를 포함한다. 이러한 데이터는 컴퓨터가 처리할 수 있는 숫자 형태가 아니고 실시간으로 쌓이기도 하기 때문에 새로운 데이터 처리 방식과 저장 공간이 필요해졌다. 특히 클라우드 저장소(Cloud Storage)의 등장은 비용 절감과 데이터 접근성 향상을 가져왔다. 특정 기업이나 분야에서만 데이터를 저장할 수 있던 환경에서 벗어나 원하는 방식으로 데이터를 저장할 수 있게 되었다. 이제 빅데이터 세상에서 절대적으로 많은 양의 데이터는 일반적인 것이 되었고, 대규모의 데이터라는 기존 빅데이터 개념은 방대하고 다양한 데이터를 저장하고 처리할 수 있는 기술을 의미하는 것으로 변화했다.

빅데이터 기술이 강조되는 이유는 이 많은 데이터를 한꺼번에 처리하기 어렵기도 하거니와 데이터의 형태에 따라 처리 기술이 다르기 때문이다. 주목할 만한 데이터의 형태는 텍스트와 로그데이터(log data)다. 카카오톡과 같은 메신저 대화, 다량의 문서 등 디지털 텍스트 자료가 엄청나게 증가했는데, 텍스트 데이터는 비정형 데이터로 별도의 처리 기술이 필요하다. 각 언어의 특성, 문장과 단어의 관계, 구어체나 문어체와 같은 문장 특성 등을 모두 고려해야 한다. 한편 로그데이터는 컴퓨터 시스템에서 발생하는 모든 기록 정보인데, 빅데이터 분야에서는 온라인 사용자의 디지털 흔적을 기록하기 위해 활용된다. 특히 고객들이 남긴 온라인 행동 데이터는 기업이 경영 전략을 세우는 데 중요한 요소다. 그렇다면 이러한 빅데이터는 어떤 정보를 파악하는 데 도움이 될까.

빅데이터는 교통, 법률, 의료, 언론 등 다양한 분야에서 양과 질이 모두 확대되었다. 분야마다 특정 목적에 따라 데이터를 기록하지만 빅데이터는 기본적으로 유사한 정보, 일반적인 패턴, 전반적인 경향과 같이 공통적인 특성을 파악하는 데 유용하다. 개인의 취향이나 다양성, 사례별 특성과 같이 차별화된 정보 획득이 목적이라면 빅데이터는 적합한 자료가 아니다. 그리고 빅데이터 분석은 반드시 데이터의 양이 '대규모'일 필요는 없다. 자연어 처리를 통해 텍스트에서 유용한 정보를 추출하는 텍스트마이닝(text mining)은 대표적인 빅데이터 기술이지만 몇천 개의 문서만으로도 분석이 가능하다. 물론 데이터가 많을수록 분석 결과의 타당도와 신뢰도는 높아지지만 빅데이터 분석에서 절대적인 양보다는 데이터 처리 기술 적용이 핵심이다.

## 데이터과학이라는 융합 분야

AI는 머신러닝과 딥러닝을 포함하고 데이터과학은 빅데이터와 데이터 분석을 포함하며, AI와 데이터과학은 빅데이터를 연결점으로 하여 서로의 영역을 차지한다. 이러한 관계는 빅데이터로 인해 AI가 발전하고 데이터과학이 등장했음을 보여 준다. 빅데이터 이전 시대에도 데이터 분석 분야는 존재했지만 비정형 데이터를 객관적으로 분석하는 방법은 개인의 전문성에 기반한 해석이나 판단에 의존하는 것이었다. 빅데이터의 등장으로 개인이 처리할 수 없는 수준의 데이터로부터 정보를 추출하기 위해 알고리즘과 빅데이터 처리 기술 등 다양한 방법론을 동원하는 융합 분야가 비로소 탄생한 것이다.

데이터과학이라는 용어는 윌리엄 클리블랜드가 2001년에 자신의 논문에서 통계학의 확장된 분야로 소개하면서 제시했고, 이후 빅데이터와 머신러닝의 발전으로 널리 사용되었지만 여전히 생소하고 추상적인 분야로 인식되었다. 그 이유는 융합 분야의 특성상 전문가 양성이 어려워 각 분야의 전문가가 협업하는 방식이 채택되었기 때문이다. 데이터과학 분야에서 중요한 것은 인사이트 발굴을 위한 전체 프로세스의 설계인데, 서로의 영역을 잘 모르는 협업 체계에서는 어려운 일이다. 따라서 협업 체계를 강화하거나 각 분야 전문가가 교육을 받아 다른 영역을 이해하는 방식으로 데이터과학 분야는 발전했다. 사실 한 명의 전문가가 모든 영역을 섭렵한다는 것은 현실적으로 불가능하며 협업은 효과적인 성공을 이끌 가능성이 높아 데이터과학 분야의 기본 요소이기도 하다. 그런데 탄탄한 협업 체계에서도 목표에 맞는 데이터를 수집, 분석, 해석, 적용할 수 있는 전문가인 데이터과학자를 필요로 하게 되었다. 데이터과학에는 각 영역에 대한 이해를 바탕으로 하는 팀워크로도 해결할 수 없는 영역이 존재하기 때문이다.

### 참고문헌


Cleveland. W.(2001). Data Science: An Action Plan for Expanding the Technical Areas of the Field of Statistics.

Orhan G. Yalçın.(Dec 20, 2020). 4 Intersecting Domains That You Can Easily Confuse with Artificial Intelligence. Towards Data Science. https://towardsdatascience.com/4-intersecting-domains-that-you-can-easily-confuse-with-artificial-intelligence-2233cb6ad7d1

## 02
# 데이터과학자의 필요성

빅데이터의 등장과 AI의 발전은 지금까지와는 다른 문제와 해결 방식을 요구한다. 문제의 원인을 파악해 의사 결정을 하는 것을 넘어 미래를 예측하고 대응할 수 있는 전략이 중요해졌다. 그리고 이 전략에는 데이터 분석뿐만 아니라 머신러닝을 활용하거나 새로운 방법론을 제안하는 것이 포함된다. 이것이 바로 데이터과학자가 필요한 이유다.

AI와 MBTI?

## 복잡하고 다양한 문제의 등장

빅데이터가 등장하던 초기에는 전통적인 방식의 통계 분석이나 전문가 의견을 통해서 문제 해결이 가능했다. 데이터가 단순할수록 분석 결과도 간결하기 때문에 직관적으로 판단할 수 있어 이러한 방식은 여전히 유용하다. 예를 들어 온라인 쇼핑몰에 방문하는 고객이 가장 많이 클릭하는 상품이나 장바구니에 넣는 상품의 순위를 보여 주는 것은 빅데이터 기술 없이 기존 통계적 방법으로 가능하다. 그런데 여기서 좀 더 나아가 방문자에게 맞춤 제품을 추천해 준다고 하면 기존 방식으로는 해결하기 어렵다. 또 다른 예로 절도 범죄 건수가 2023년에 갑자기 증가했다고 했을 때, 통계적 분석으로 무인점포의 절도가 증가해 전체 절도 건수에 영향을 준 것을 발견했다고 하자. 점포 주인의 입장에서는 24시간 점포를 감시할 수 없으므로 범죄 예방을 위한 대응책이 필요하다. 만약 절도 범죄가 발생한 시간대가 다양하고, 지역마다 절도 범죄 발생 여부에 큰 차이가 있다면 기존 통계적 방법으로 분석하기 어렵다. 이처럼 데이터가 복잡하고 다양해질수록 이를 처리할 수 있는 기술적 요구는 증가할 수밖에 없다.

복잡하고 다양한 문제는 관심의 방향과 활용하는 데

이터의 종류에 변화를 가져왔다. 방문자들이 많이 구매하는 상품이 무엇인지보다 상품을 더 많이 팔기 위해 구매를 유도할 수 있는 방법을 찾게 되었다. 온라인 쇼핑몰에 방문자들이 남긴 디지털 흔적은 개인화 전략을 가능하게 했다. 고객이 방문하는 시간, 탐색하는 카테고리, 유입 경로 등 데이터를 기계학습(머신러닝)으로 학습시켜 각 고객의 구매 가능성을 예측할 수 있다. 고객이 검색하거나 방문한 상품 페이지 데이터를 학습시켜 고객에게 맞는 상품을 추천하고 구매율을 높일 수도 있다. 그런데 이러한 전략은 원한다고 되는 것이 아니라 적합한 데이터와 이를 수행할 수 있는 사람이 전제되어야 한다.

빅데이터 시대의 데이터는 미래를 예측하고 변화를 가져올 수 있는 하나의 힘(power)이 되었다. 데이터가 없는 곳에서는 데이터를 쌓기 시작했고, 데이터가 많은 곳에서는 데이터로부터 의미 있는 전략을 만들어 미래를 예측하고자 했다. 모두가 가지고 있는 특별하지 않은 데이터도 기술적 방법을 동원하면 차별적 전략이 되기 때문이다. 따라서 데이터과학자는 이러한 변화에 대응하기 위해 등장한 직업이다. 특정 목적을 위해 데이터의 선정, 변환, AI 기술 활용, 적용이라는 전체 과정을 담당하는 융합 인재가 필요해진 것이다. 데이터과학자의 존재는 그 자체가 차별적이고, 경쟁에서 살아남을 수 있는 핵심 요소(key)가 되었다.

## 데이터분석가와 데이터과학자의 차이

데이터 분석은 데이터과학 분야 내 하나의 영역이므로 유사한 점이 많다. 그래서 데이터분석가의 경력이 쌓이면 데이터과학자가 된다고 생각하는 사람들이 있다. 간혹 이 둘이 같은 일을 하지만 이름만 바뀌었다고 생각하는 사람들도 있다. 분명 두 영역은 교점이 있지만 하는 일이 다르다. 그 다름은 무 자르듯 업무의 내용이 갈리는 것이 아니라 각각의 전문성에 차이가 있다는 의미다. 두 직업의 차이를 설명하고자 하는 이유는 데이터과학자가 하는 일을 이해하고 어떤 준비를 해야 하는지와 직결되고 데이터분석가와 협업 관계에 있기 때문이다.

데이터분석가와 데이터과학자의 가장 눈에 띄는 차이는 데이터 '선정'이다. 데이터분석가가 주어진 데이터 내에서 분석을 한다면 데이터과학자는 목적에 맞는 데이터를 직접 선정한다. 때문에 필요에 따라서 데이터를 직접 수집하거나 데이터를 요청할 수 있다. 둘 다 데이터를 이해하고 활용하는 데이터 리터러시(data literacy) 역량이 중요한데, 주어진 데이터 탐색은 어느 정도 물리적인 시간을 들이면 가능하지만 데이터를 선정하려면 다양한 데이터에 대한 이해와 정보 습득이 선행되어야 한다. 그래서 데이터분석가는 데이터의 내용을 깊이 있게 이해해야 하고, 데이터과학자는 분야를 넘어 데이터의 종류를 광범위하게 탐색해야 한다.

두 직무의 둘째 차이는 도메인 지식 깊이의 수준이다. 데이터분석가의 주요 업무는 분석을 통해 현상이나 문제를 파악하고 그 결과를 해석해 보고하는 일이다. 인과관계, 원인, 문제 등 과거나 현재의 문제를 진단에 집중하고 설명력이 중요하므로 도메인 지식이 필수적이다. 이러한 이유로 데이터분석가는 각 영역에서 양성되어 왔다. 반면 데이터과학자는 도메인 지식보다 기술적 방법론에 대한 지식이 더 강조된다. 데이터과학자에게도 도메인 지식은 중요하지만 특정 도메인에서만 쌓이는 고유의 데이터보다 영역을 막론하고 공통적으로 누적되는 데이터의 형태나 종류, 그리고 이를 처리할 수 있는 기술에 집중한다. 예를 들어 온라인 홈페이지의 트래픽 데이터(traffic data)나 앱을 사용할 때 기록되는 사용자 데이터 등은 도메인에 관계없이 공통된 데이터의 형태다. 이러한 데이터를 모델링하기 위해 데이터를 정제하고 변환하는 방법을 고민한다.

두 직무의 마지막 차이는 문제 해결의 접근 방식에서 나타난다. 데이터분석가는 '분기별 매출은 어땠는가', '가장 매출이 높은 시간대는 언제인가'와 같이 구체적 질문에 대한 해답을 찾는다. 데이터과학자는 '고객 이탈의 주요한 요인은 무엇인가', '광고 노출의 효과를 높이는 방안은 무엇인가'와 같은 개방형 질문에 대한 해답을 찾는다. 그러므로 데이터분석가는 현상을 파악하고, 데이터과학자는 개선 방법을 제시할 수 있어야 한다.

## 창의적인 전략가

데이터과학자의 업무는 빅데이터가 제공하는 기회를 실현하는 것이다. 빅데이터가 제공하는 기회란 이전에 없던 창의적인 전략을 세울 수 있는 환경을 말한다. 그리고 개방적 질문의 장점은 시도해 볼 수 있는 것이 많다는 점이다. 이는 누구에게는 부담이겠지만 어떤 이에게는 기회다. 그리고 어려운 일이지만 실현 가능한 일들이다. 처음 등장해 전 세계를 놀라게 한 챗지피티(ChatGPT)도 개발 과정에 많은 데이터과학자들이 참여했다. 질문에 대한 일정 답변을 정해 놓고 노출하는 기술에서 학습을 통해 거의 완벽에 가까운 문장을 제시하는 자동화된 기술이 실현된 것이다. 그리고 이 기술은 다양한 분야에서 활용되며 또 다른 기회를 창출하고 있다.

현실에서는 데이터과학자에게 개방형 질문마저 주어지지 않는 경우가 있다. 기업이나 조직의 목표에 걸림돌이 되는 것을 제거할 특명을 받기도 하며, '매출을 높이는 방안'과 같은 '완전' 개방형 문제를 맡기도 한다. 무엇보다 예측과 개선이라는 해결책을 위해서는 충분한 탐색의 시간과 시행착오가 필요하지만 대부분의 경우 그러한 여유나 관대함은 주어지지 않는다. 그러다 보니 실패를 줄이기 위해 위해서 이미 경험이 많은 경력자나 박사 학위를 가진 사람들이 데이터과학자로 대거 채용되어 왔다. 그런데 시니어 데이터과학자들도 모든 것을 혼자 해낸 것은 아니다. 데이터과학 분야는 그 자체가 협업이 전제된 것으로, 각 직무의 전문성이 화합해 창의적인 문제 해결에 도달한다. 여기서 데이터과학자는 화합을 위한 전략가로서, 각기 다른 분야의 전문가들을 연결하고 협업을 이끌어 내는 중요한 역할을 한다.

데이터과학자들 사이에서 유명한 '사람들이 생각하는 데이터과학자'라는 네 컷 만화가 있다. 이 만화에서 회사 대표는 데이터과학자를 돈 찍어 내는 기계로, 고객은 마술사(또는 도깨비 방망이)로, 개발자는 수학/통계/머신러닝 등 다 아는 사람으로, 데이터과학자 스스로는 오케

스트라로 묘사된다. 데이터과학자가 융합 인재이기 때문에 다른 전문가보다 더 많은 영역에 대한 지식이 요구되는 것은 어쩌면 당연하다. 그러나 지식은 창의적인 전략으로 곧바로 이어지지 않을뿐더러 직접적이고 빠른 이익을 가져오지 못한다. 데이터과학자의 창의적인 전략이 실현되기 위해서는 다양한 시도와 현실 적용이 필수적이다. 데이터과학자가 모든 분야의 지식을 섭렵하고 한 번의 시도로 문제를 해결할 것이라는 믿음은 환상이다. 데이터과학자가 되는 것이 목표라면 이러한 환상부터 내려놓고 다양한 시도와 실패에 익숙해져야 한다.

### 참고문헌

Godsey, B.(Nov 8, 2018). Is Data Science Really a “Science”?. Towards Data Science. https://towardsdatascience.com/is-data-science-really-a-science-9c2249ee2ce4

## 03
## 데이터과학자의 핵심 역량

데이터과학자는 현실에 존재하는 데이터 중심의 문제를 과학적 방법으로 해결하는 사람이다. 데이터를 잘 이해하고 다룰 줄 알아야 하며, 다양한 방법론에 대한 지식도 필요하고, 문제 해결을 위한 전략도 설계해야 한다. 요구하는 역량이 많지만 불가능한 일이 아니다. 각 역량의 추상적인 내용을 구체화하고 잘못 알고 있는 부분을 바로잡아 AI 시대의 데이터과학자에게 꼭 필요한 능력을 정리했다.

AI와 난임 극복?

## 데이터 '잘' 다루기

엑셀과 같은 도구를 통해 데이터를 보고 정리하는 일은 데이터를 다루는 일 중 일부분이다. 데이터를 '잘' 다룬다는 것은 목표에 맞는 데이터와 그렇지 않은 데이터의 구분, 원하는 데이터가 어디에 있는지에 대한 정보, 적합한 형식으로 변환, 분석을 위해 변수를 선택할 수 있는 배경 지식, 데이터를 직관적으로 표현하는 시각화 등 역량을 모두 포함한다. 이러한 역량을 데이터 리터러시(data literacy)라고 하며 데이터과학자에게는 필수적인 것이다. 여기서 우리는 두 가지 의문점을 가질 수 있는데, 하나는 저 많은 역량을 다 습득해야만 하는 것인지, 또 하나는 시간을 들여 노력한다면 가능한가 하는 것이다.

첫째 의문에 대한 답변은 '그렇다'다. 더 정확하게 말하자면 한두 가지 습득하는 것으로 데이터 리터러시 역량이 있다고 말할 수 없다. 그 이유는 이 역량이 데이터를 탐색하고 이해하기 위해 시도하게 되는 일종의 행위 집합에 가깝기 때문이다. 마치 자격증을 따는 것처럼 각 역량이 구분되어 있다거나 단계적인 것이 아니라는 의미다. 예를 들어 피자 업체에서 매출에 영향을 주는 요인을 찾는다고 하자. 먼저 필요한 데이터는 피자 주문 건수, 주문별 메뉴, 주문 경로, 주문 날짜, 시간 등이다. 여기서 필요한 데이터의 기간을 설정해야 하는데 광고 여부, 메뉴 리뉴얼 등 이벤트가 중요한 고려 사항이 된다. 다음으로 월별 주문 건수와 날씨, 주문 경로, 날짜 특성을 매칭할 수 있다. 피자는 주로 매장에서 먹기보다 배달 비율이 더 많고, 비가 오거나 추운 날씨가 주문 증가와 관련된다. 주문 경로에는 전화 주문, 홈페이지/앱 주문, 배달 업체 주문 등으로 각 주문 경로의 변화 역시 주문 건수에 영향을 준다. 날짜에는 평일/주말/공휴일 여부, 피자를 좋아하는 어린이나 청소년들에게 중요한 어린이날이나 체육대회 등의 행사가 있는 경우도 고려해야 한다. 가능한 데이터의 범위를 모두 확인해야 하는 이유는 여러 요인 중 어떤 것이 영향을 미치는지 알 수 없으며, 결정적 요인 중 하나가 제외된다면 정확한 결과를 예측하기 어렵기 때문이다. 또한 처음 데이터 선정이 자동화 단계에서 유지되므로 초반 데이터 선정을 위한 탐색의 중요성은 여러 번 강조해도 모자람이 없다.

데이터 탐색은 데이터를 이해하기 위한 과정으로 기계적으로 표를 만들어 집계하는 것과 다르다. 피자 주문에서 날짜와 주문 경로 데이터가 가지고 있는 의미와 주문 건수의 관계를 파악하는 것이 핵심이다. 이러한 작업은 반복적인 고민을 통해 습득할 수 있다. 당연히 어느 정도의 물리적인 시간이 필요하지만 데이터의 다양한 종류를 경험하는 것보다는 하나를 깊이 탐색하는 것이 더 도움이 된다. 데이터 초보자라면 두세 명이 개별적으로 데이터를 탐색하고 그 결과를 서로 공유하는 방식도 상호 발전에 기여한다. 이미 작성되어 있는 데이터 관련 보고서에서 사용한 데이터를 수집해 데이터를 탐색하고 보고서의 결과와 비교하는 것도 좋은 방법이다.

## 코딩과 프로그래밍

데이터과학자의 역량으로 코딩과 프로그래밍 실력이 얼마나 중요한지를 설명하기 전에 두 가지가 조금 다른 일이라는 것을 이해할 필요가 있다. 코딩은 기계나 컴퓨터가 이해할 수 있는 형식으로 명령어를 작성하는 과정이며, 프로그래밍은 소프트웨어나 애플리케이션을 개발하는 전체 과정이다. 예를 들어 계산기 앱을 만들기 위해서는 계산기 인터페이스 설계, 계산 기능을 위한 알고리즘 구현, 테스트와 오류 수정, 업그레이드의 과정이 필요하며 이 전체가 프로그래밍이다. 그리고 덧셈과 뺄셈 계산식의 구현을 코딩으로 작업한다. 프로그래밍 안에 코딩 과정이 포함되지만 분명한 차이가 있다.

데이터과학자가 다루는 데이터의 형태는 숫자뿐만 아

니라 문자나 이미지 등 다양하고, 형태에 따라서 처리하는 방식도 다르다. 데이터과학이 등장하기 전에는 엑셀에서 데이터 작업을 많이 하거나 몽고DB(MongoDB)와 같은 데이터베이스 프로그램을 활용했다. 여전히 엑셀과 데이터베이스는 데이터를 탐색하는 유용한 도구이지만 데이터 처리가 제한적이다. 숫자형 데이터도 변환이 필요하고 텍스트와 이미지 데이터의 처리는 빅데이터 기술이 요구된다. 프로그래밍 언어에는 빅데이터를 처리할 수 있는 특정 기능을 모아둔 파일들이 있다. 파이썬의 경우, 엑셀과 유사하지만 대용량의 데이터를 처리할 수 있는 Pandas나 한국어를 처리할 수 있는 KoNLPy와 같은 라이브러리를 불러와 작업할 수 있다. 그리고 파이썬에서 이 라이브러리를 불러와 작업하려면 코딩은 필수적이다. 컴퓨터 분야에서 코딩이 규칙이나 로직을 만드는 작업이라면, 데이터과학 분야에서는 코딩을 데이터를 처리하고 분석하는 작업에 주로 활용한다.

프로그래밍 영역으로 들어가면 데이터과학자의 업무를 개발 업무로 오해하기도 한다. 둘 다 코딩 능력을 필요로 하지만 개발자는 시스템이나 소프트웨어를 설계하고 구현하는 것이 주요 업무다. 그리고 가장 큰 차이는 개발자는 기능적 구현을 위해 대부분 데이터를 필요로 하지 않지만 데이터과학자에게 데이터의 존재는 필수적이라는 사실이다. 예를 들어 온라인 쇼핑몰을 만든다고 하면 개발자는 웹페이지 구현, 데이터의 저장과 관리를 위한 서버와 데이터베이스 설정, 보안 및 결제 시스템 구현 등 업무를 수행한다. 데이터과학자는 고객 데이터를 분석해 UI/UX 최적화 전략, 마케팅 영향 분석, 추천 시스템 개발, 상품별 수요 예측 모델링 구현 등의 업무를 수행한다. 시스템 개발 측면에서 개발자와 데이터과학자 모두 프로그래밍 능력이 중요하지만, 개발자는 운영과 관리를 위한 환경을 조성하고 데이터과학자는 문제 해결과 개선에 집중한다는 점에서 차이가 있다. 이러한 차이가 있지만 개발자와 데이터과학자는 상호 보완적인 관계이므로 협업을 위해 서로의 업무를 이해하는 것은 중요하다.

데이터과학자가 가장 많이 사용하는 프로그래밍 언어는 파이썬으로, 데이터과학자의 86.7%가 사용하고 있다(문정후, 2023). 파이썬은 데이터과학뿐만 아니라 프로그래밍 언어 순위에서도 1위를 하고 있으며(TIOBE Index, 2024) 웹 개발, 데이터 분석, 머신러닝 등 다양한 응용 분야에서 사용 가능한 범용 언어다. 다른 프로그래밍 언어에 비해 온라인 커뮤니티 내 정보, 오픈 소스 튜

토리얼, 교육 과정 등 학습 자원이 풍부한 것도 장점이다. 무엇보다 구글(Google)이나 아마존(Amazon) 등 글로벌 대기업이 파이썬을 채택해 서비스를 지원하고 있고, 데이터과학자와 AI 연구자들도 선호해 인기 있는 프로그래밍 언어가 되었다. 프로그래밍 언어의 종류는 개인이 선택할 수 있지만 데이터과학자로 일하기 위해서 데이터 처리와 모델링 작업이 가능한 프로그래밍 언어 사용은 필수다.

## 협업을 위한 소통

데이터과학자의 핵심 역량 중 강조되는 것이 소통 능력(communication skill)이다. 데이터과학 분야에서 협업은 필수적이기 때문인데, 여기서 소통 능력이란 말하는 능력이나 사회성이 아니라 연결된 부서나 직군에 대한 이해도를 말한다. 일반적으로 데이터과학자는 데이터가 쌓이고 나서 수행 가능한 직무이므로 다른 직군이 먼저 자리를 잡거나 업무를 시작한 후에 후속으로 일하게 된다. 따라서 다른 직군에서 수행하고 있는 업무 내용을 자신의 업무와 연결하는 것이 중요하다. 최근에는 데이터과학자, 데이터엔지니어, 개발자, 데이터분석가, 도메인 전문가 등으로 데이터팀이나 테크팀을 구성하는 조직이 많은데, 서로 전문성이 다르므로 각 직군의 업무를 이해하기 위한 노력이 선행되어야 한다.

데이터과학 또는 데이터 팀이 없는 조직에서는 데이터과학자에게 필요한 데이터를 개발팀에서 가지고 있는 경우가 많고, 문제를 파악하고 제시하는 일은 경영이나 실무 부서에서 수행한다. 협력을 유도하는 방법은 다양하나 기본적으로 각 직군에서 사용하는 용어와 프로세스를 빠르게 이해하는 것이 필요하다. 데이터가 어디에 있는지, 각 데이터가 의미하는 것은 무엇인지, 해결하려는 문제의 구체적인 요소들은 무엇이 있는지 등은 바로 투입되어 알기 어렵다. 조직에 속하지 않은 프리랜서이거나 외부 프로젝트에 참여하는 경우에도 협조를 구하거나 도메인을 탐색하는 것은 필수적이다.

### 참고문헌

문정후(2023.2.4). 현재 가장 인기 높은 데이터 과학 관련 도구와 기술 TOP 10. 보안뉴스.
https://www.boannews.com/media/view.asp?idx=113784

TIOBE INDEX. https://www.tiobe.com/tiobe-index/

04

# 데이터과학자와 도메인 지식

'아는 만큼 보인다'는 말처럼 데이터과학자에게 요구되는 도메인 지식은 각 분야의 고민이나 관심을 이해하고 방법론을 적용하기 위한 기초 정보에 관한 것이다. 데이터과학자로서의 전문성과 도메인 지식의 관계를 설명하고 문제 해결 능력, 도메인 지식의 습득과 활용에 대해 살펴본다.

AI와 사주?

## 도메인 지식이 필요한 이유

도메인 지식이란 특정 분야에 대한 전문 지식으로 초기 데이터과학자에게는 크게 요구되지 않았다. 데이터과학자가 습득해야 하는 기술적 지식이 우선시되기도 했고, 도메인 지식은 협업으로 보완될 수 있다고 믿었다. 그러다 데이터과학자 직무의 전문성이 커지면서 도메인 지식의 필요성이 강조되기 시작했다. 의사와 변호사를 생각해 보자. 의사는 병을 고치는 사람이고 변호사는 법적인 대리인인데 각 전문직은 하위 전문 분야가 있다. 모든 의사는 인간의 몸과 일부 약물에 대한 기본적인 지식을 갖추었지만 특정 질병에 대한 진단과 수술 등 처치는 분야별로 다르다. 변호사도 법령이나 법조문 자체를 외우는 것보다 판례가 중요한 만큼 세부적인 소송 분야를 갖고 있는 것이 일반적이다. 데이터과학자도 데이터와 알고리즘 등에 대한 기본적인 지식을 갖고 있지만 특정 분야의 전문적 지식이 필요해진 것이다.

실무에서 데이터과학자의 도메인 지식은 두 가지로 구분된다. 첫째는 각 분야가 가지고 있는 고민이나 관심에 대한 지식이다. 마케팅, 법무, 경영, 엔터테인먼트 등 각 분야는 공통의 속성을 공유하는 여러 하위 카테고리를 가지고 있다. 이 하위 카테고리들은 유사한 문제에 관심이 있으므로 데이터과학자는 이에 대한 정보가 필요하다. 예를 들어 마케팅 분야는 광고 타기팅이나 고객 이탈 예측에, 법무 분야는 판례 검색 최적화에 관심이 높다. 결국 그 분야의 고민을 이해하지 못한다면 분석이나 모델링을 성공시키기 어렵다. 둘째 도메인 지식은 기술적인 영역으로, 과학적 방법론에 데이터를 적용하는 방법이다. 각 방법론에 대해 이론적인 습득과는 별개로 실제 데이터를 적용하는 '실전'의 기회가 필요하다. 추천 시스템이나 텍스트마이닝 기법에도 다양한 방법이 존재하고, 데이터의 구조나 목적에 따라 방법론을 선택해야 한다. 처음부터 모든 방법론을 습득하고 데이터를 적용하는 것은 한계가 있으므로 몇 가지 기술적 방법을 선택해 전문성을 키우는 것이 중요하다.

도메인 지식은 축적된 경험이지만 단순 경험과는 구분되어야 한다. 데이터의 선정을 위해서는 데이터 중심의 문제의식이 필요한데, 이는 그 분야에 대한 정보력과 연결된다. 예를 들어 호텔의 프로모션 상품에 대한 리뷰를 분석한다고 하면 '여행'과 '숙박'에 대한 정보가 요구된다. 호텔 여행을 목적으로 하는 '호캉스'라는 단어, 호텔을 이용한 후 평가가 이루어지는 곳, 긍정적/부정적 평가를 판가름하는 기준, 호텔 평가의 대상을 모두 고려해야 한다. 이러한 정보는 마케팅이나 영업팀에서 이미 가지고 있기도 하지만 그렇다고 모든 정보를 포함하지는 않으므로 보완하기 위한 조사나 탐색 과정을 거쳐야 한다. 그리고 호텔을 많이 이용해 보고 평점을 남기는 등 직접적 경험은 데이터 출처를 찾는 데 도움이 될 수 있지만 전문 지식이라고 할 수 없다. 감기에 자주 걸리면 감기 증상에 대해 잘 알게 되지만 이비인후과 의사가 될 수 없는 것처럼 말이다.

## 문제 해결 능력과 호기심

데이터과학자에게 던져지는 질문은 대부분 요약적이다. 추상적인 고민, 관심, 문제의식은 일련의 구체적인 질문이 있어야 해결책의 방향도 뚜렷해지므로 문제의 구체화는 데이터과학자의 역할이기도 하다. 그런데 데이터과학자의 역량이 기술이나 방법론에 집중되다 보니 이러한 역할은 후순위로 밀려났다. '질문'을 찾는 일은 데이터분석가, 경영진, 영업팀 등 각 분야의 다른 직무에서도 해 오던 일이므로 데이터과학자들에게 크게 기대하지 않은 것도 사실이다.

문제 해결의 첫 단계는 문제의 본질을 이해하고 구체적인 질문으로 전환하는 것이다. 단순하게 '이 문제를 해결해야 한다'라는 접근은 효율적이지 않으며 문제의 배경, 맥락, 결과를 모두 생각해야 한다. 질문을 명확하게 한다는 것은 '매출이 감소하는 이유는 무엇일까'라는 일반적 질문에서 '어떤 고객 유형에서 매출이 감소하고 있고, 그 이유는 무엇인가'라는 효과적인 질문으로 확장하는 것이다. 구체적인 질문을 정의하면 해당 질문에 대한 답을 구하기 위해 어떤 데이터가 필요한지 파악할 수 있다. 데이터과학자는 이 단계에서 필요한 데이터를 식별하고 데이터를 수집하거나 처리하는 작업을 수행한다. 데이터과학자의 문제 해결 능력에는 문제를 정확하게 정의하고 이에 맞는 구체적인 질문을 도출하는 과정이 포함되며, 이것이 효과적인 데이터 분석의 출발점인 것이다. 이러한 과정이 잘 이뤄질수록 더 정확하고 유의미한 결과나 인사이트를 찾아낼 수 있다.

문제 해결 능력과 연결되는 것이 바로 호기심이다. 도메인 지식을 갖춘 사람은 해당 분야에서 일어나는 현상이나 문제를 더 잘 이해할 수 있고, 표면적으로 명확하거나 당연해 보이는 문제에서도 숨겨진 원인이나 복잡한 관계를 파악해 더 많은 질문을 던지게 된다. 이 질문의 근원은 사실 호기심에서 비롯되며, 문제 해결 능력을 개발하는 데 필수적이다. 호기심은 문제의 근본 원인을 깊이 탐구하게 하며, 단순히 표면적인 해결에 그치지 않고 복잡한 관계와 이면의 원인까지 이해할 수 있도록 돕는다. 또한 새로운 접근 방법을 모색하고 창의적인 해결책을 찾는 데 기여하며, 지속적인 학습과 성장을 촉진하기도 한다. 데이터과학 분야는 빠르게 변화하는 기술과 트렌드에 대응해야 하는데, 호기심이 있는 사람은 새로운 지식을 배우고자 하는 욕구가 강해 이러한 변화에 능동적으로 대응할 수 있다. 아울러 호기심은 문제 해결 과정에서 어려운 문제도 끝까지 해결할 수 있게 동기 부여와 끈기를 제공한다. 따라서 호기심은 데이터과학자가 문제를 정확하게 정의하고 적절한 질문을 도출하며, 창의적이고 효과적인 해결책을 찾는 데 필수적인 요소다. 호기심이 부족하다면 문제 해결 능력은 한계에 부딪힐 수 있으며, 이는 곧 성과에도 부정적인 영향을 줄 수 있다.

## 도메인 지식 쌓기

도메인 지식은 이론을 공부하고 강의를 듣는 방식이나 단순한 경험의 축적으로 얻어지지 않는다. 그리고 도메인 지식이 있다고 판단할 수 있기까지 어느 정도 물리적인 시간이 필요하다. 도메인 지식을 쌓는 방법은 크게 두 가지로 나눌 수 있는데, 하나는 상위 범주에서 하위 수준으로 내려가는 방법이고 또 하나는 특정 분야에서 지식을 확장하는 방법이다.

상위 범주에서 하위 수준으로 내려가는 방법은 광범위한 주제나 분야에 대한 전반적인 이해를 먼저 습득한 후, 점차 세부적인 내용으로 내려가면서 지식을 쌓아 가는 접근 방식이다. 예를 들어 금융 분야의 도메인 지식은 먼저 금융의 기본 원리와 구조를 이해한 후, 이를 바탕으로 주식, 채권, 파생상품 등 세부적인 영역으로 내용을 구체화하는 것이다. 이 방법의 장점은 넓은 시야를 확보할 수 있어 다양한 세부 분야 간의 상호작용이나 연관성을 더 잘 파악할 수 있고, 통합적이고 전략적인 문제 해결이 가능하다는 점이다.

둘째 방법인 특정 분야에서 지식을 확장하는 방법은 어느 정도 지식을 보유하고 있는 특정 분야에서 깊이 있게 탐구하고, 그 지식을 확장해 나가는 접근 방식이다. 예를 들어 마케팅 분야에서 이미 경험이 있는 사람이 데이터 분석 도구를 학습하고, 이를 마케팅 전략에 적용하는 방법을 배우는 것이다. 이 방법의 장점은 이미 알고 있는 지식과 경험을 바탕으로 실제 문제 해결에 바로 적용할 수 있는 실질적인 도메인 지식을 구축할 수 있다는 점이다.

도메인 지식은 시간이 지남에 따라 변화하고 발전하기 때문에, 최신 동향과 정보를 지속적으로 학습하는 것이 중요하다. 그리고 실무 경험을 통해 실제 문제를 해결하는 과정에서 지식을 쌓아야 한다. 따라서 네트워킹과 협업을 통해 다른 전문가들과 교류를 활발히 하고, 서로의 경험과 지식을 공유하는 것이 효과적인 방법이다.

# 05
# 비즈니스 분야의 데이터과학자

비즈니스 분야의 데이터과학자는 시장 경쟁력 강화, ROI 향상, 비용 절감을 목표로 분석과 모델링을 수행한다. 고객 및 마케팅 등 내부 데이터와 시장 및 트렌드 조사 등 외부 데이터도 활용해야 하고, 실시간 데이터 처리와 자동화를 위한 기술적 역량도 중요하다. 주로 광고 최적화 모델링과 같은 업무를 많이 하지만 최근에는 생성형 AI를 활용하는 역할이 강조되기도 한다.

AI와 아이돌?

## 시장에서의 경쟁 전략

비즈니스 영역에서 목표는 시장에서 경쟁력을 유지해 이익을 극대화하는 것이다. 이에 따라 데이터과학자의 주요 목표는 수익 증대, 비용 절감, 경쟁력 강화 등으로 설정된다. 수행하는 직무는 주로 ROI(투자 대비 수익)를 향상시키기 위한 분석과 모델링 구현으로, 전략적 의사 결정을 지원한다. 그리고 시행착오를 줄이기 위해 단 한 명의 데이터과학자에게 의존하기보다 데이터 전문가를 포함한 프로젝트 팀을 구성하는 것이 일반적이다.

기업의 주요 목표 중 하나는 시장 점유율을 확대하는 것이다. 이를 위해 경쟁사와의 비교 분석, 고객 요구 파악, 새로운 시장 기회 탐색 등이 필요하다. 이러한 목표를 달성하기 위한 데이터과학자는 기업이 더 좋은 제품이나 서비스를 제공하는 데 기여할 수 있다. 고객 유지와 확대도 비즈니스 영역에서 주요한 목표로, 고객의 이탈을 방지하고 로열티 고객을 유지하는 것은 필수적이다. 데이터과학자는 고객의 행동을 예측하고, 맞춤형 마케팅 전략을 개발하며, 고객 경험을 최적화할 수 있다. 한편 비용 효율성은 자원을 효율적으로 활용해 가격 경쟁력을 확보하고 수익성을 유지하는 것과 연관되므로 기업의 비용 절감에 핵심적인 요인이다. 데이터과학자는 광고 유형별 영향력을 분석하거나 광고 비용 최적화 등 비용 효율화 전략을 제안할 수 있다.

데이터과학자들은 비즈니스 영역에서 주로 경쟁사 분석, 고객 세분화, 수요 예측, 마케팅 캠페인 최적화 등 역할을 수행한다. 경쟁사 분석은 경쟁사의 제품, 가격, 마케팅 전략 등을 분석하고 경쟁사가 본사보다 우위에 있는 점과 본사가 개선할 내용을 파악해 시장에서 위치를 강화할 수 있다. 고객 세분화는 고객 데이터를 분석하고 고객의 특성을 식별해 유형별로 구분하는 작업이다. 이를 통해 맞춤형 마케팅을 적용하고 고객 만족도를 높여 고객 이탈을 방지하고 충성도를 유지할 수 있다. 수요 예측은 시장의 수요를 예측하는 것으로, 제품 개발 전략을 지원한다. 주로 검색되는 상품명이나 특정 상품에 대한 평가 등을 분석해 소비자 요구에 부합하는 제품을 적시에 출시하고 시장에서 경쟁력을 확보할 수 있다. 마케팅 캠페인 최적화는 마케팅 캠페인의 효과를 분석해 마케팅 예산을 최적화하고 ROI를 극대화하는 전략이다. 이외에도 실시간으로 데이터를 분석해 트렌드 변화에 대응할 수 있게 지원하거나, 시장 변동성이나 경제적 요인을 분석해 잠재적인 위험을 식별하고 관리할 수 있는 방안을 제시하기도 한다.

## 데이터 특성

비즈니스 영역은 다양한 세부 분야가 있으므로 데이터의 특성은 다를 수 있으나 비즈니스 목표가 유사하므로 활용하는 데이터의 종류는 비슷하다. 크게 내부 데이터와 외부 데이터로 구분되며 내부 데이터에는 고객 데이터, 마케팅 데이터, 서비스/매출 데이터가 활용되고 외부 데이터에는 경쟁사 데이터, 시장 및 트렌드 데이터 등이 활용된다.

내부 데이터는 기업 내에 존재하는 데이터여서 데이터 수집과 탐색이 용이할 것이라고 생각하기 쉽다. 그러나 데이터의 양이 너무 많으면 고성능 컴퓨팅이 필요하고 이러한 시스템이 없다면 많은 비용이 발생한다. 또한 규모가 작은 기업은 대부분 구글 클라우드나 아마존 S3와 같은 데이터 저장소에 데이터를 저장한다. 데이터 저장 자체는 비용이 많이 들지 않지만 그 데이터를 기업 내 서버로 옮기거나 컴퓨팅 서비스를 사용하는 것은 별도의 비용이 발생한다. 이러한 비용 모두 기업의 운영 비용에 해당하므로 데이터과학자는 전체 프로젝트에 데이터 수집 및 처리 비용을 포함해야 한다.

외부 데이터는 인력 활용에 대한 비용이 발생한다. 내부에 데이터 조사 인력이 없는 경우 데이터를 수집하거나 조사하는 용역을 외부에 의뢰할 수 있다. 만약 데이터를 직접 수집한다면 어느 정도 물리적인 시간이 필요한데, 프로젝트 기간이 짧은 경우 이는 부담이 될 수 있다. 외부 데이터의 범위가 넓고 불확실할수록 물리적 시간 비용도 증가하므로 영업팀이나 마케팅팀으로부터 도메인 지식이나 주요 검색 키워드 등 정보를 지원받는 것이 중요하다.

비즈니스 영역에서 주목해야 할 데이터 유형은 실시간으로 쌓이는 데이터다. 이 데이터의 특성은 한 명의 개인이 여러 개의 데이터 갈래를 가지고 있다는 점이다. 예를 들어 웹페이지 방문 데이터는 방문한 시간, 방문한 페이지, 각 페이지에 머문 시간, 페이지에서 클릭한 이벤트, 장바구니에 담은 상품, 구매한 상품, 결제 방법 등이 기록된다. 각 고객마다 사이트 방문부터 마지막 행동까지를 분석하려면 기록된 데이터를 고객 여정(customer journey) 데이터로 새로 구성해야 한다. 게임과 같은 엔터테인먼트 앱(App) 데이터도 개인이 자주 방문하고 여러 가지 행동을 하면 많은 이벤트 데이터를 남기게 된다. 한 명의 고객 아이디(ID)를 중심으로 여러 행(row)으로 기록된 데이터는 분할된 데이터라서 그 자체로 활용하기는 어렵고, 개인화 모델링을 위해서는 하나의 행으로 변환해야 한다. 이처럼 비즈니스 영역의 데이터는 그 양이 많기도 하고 추가적인 데이터 처리가 필요하기 때문에 데이터과학자에게 기술적 역량이 강조되는 것이다.

## 활용 사례

최근 비즈니스 영역의 활용 사례는 크게 두 방향으로 나뉘는데, 머신러닝을 활용한 최적화와 생성형 AI와 같은 AI 기술 활용 전략이다. AI 시대의 핵심은 분야를 막론하고 사람이 하는 단순한 업무를 자동화하거나 업무 효율을 높이는 것이다. 그중에서도 광고비는 기업의 운영비에서 많은 부분을 차지하고 매출과도 직결되기 때문에 마케팅 부문에서 데이터과학자 직무가 빠르게 발전하기도 했다. 그리고 AI 기술을 업무 자동화에 적용하고 발생하는 문제를 개선하는 것이 데이터과학자의 직무에 포함되기 시작했다.

머신러닝을 활용한 광고 최적화 사례 중에서 전환(conversion) 가능성이 높은 고객을 예측해 타기팅 마케팅에 적용한 사례가 있다. 기존 전환 고객들의 구글 애널리틱스 데이터에서 유입 경로, 페이지 뷰, 페이지에 머문 시간, 방문 시간 등을 추출하고 광고 종류, 방문 시간대, 방문 횟수 등 새로운 데이터를 생성해 모델링을 구현했다. 실시간으로 유입되는 방문자는 이 모델링을 통해 전환 가능성에 대한 점수(score)가 매겨지고 그 점수가 속하는 각 등급별로 다른 광고가 노출되는 등 마케팅 내용과 방향이 구별된다. 그런데 이 프로젝트의 목적은 광고타기팅이지만 비용 절감에 대한 실험이 포함되어 있었다. 구글 클라우드에 실시간으로 저장되는 데이터는 구글의 머신러닝 서비스인 오토엠엘(AutoML)로 바로 전달해 코딩 없이 모델링, 배포, 타기팅이 가능하고 리포트까지 해 주지만 비용이 많이 든다. 반면 오토사이킷런(Auto-Sklearn) 등 오픈 소스 서비스를 이용해 모델링을 하고 내부 인프라로 배포를 하면 비용을 절감할 수 있지만 모델 퍼포먼스가 떨어지는 단점이 있다. 최종적으로 글로벌 기업의 솔루션 사용은 25%, 내부 인프라 활용 시에는 15%의 전환 증가 효과가 있었을 때, 데이터과학자는 10% 차이와 솔루션 비용을 비교해서 어떤 방식이 더 회사에 이익이 될 것인지를 결정하는 데 정보를 제공할 수 있다.

생성형 AI가 가장 많이 활용되는 사례는 고객 서비스 자동화로, 고객의 문의나 요청에 실시간으로 응답하는 기능을 구현하는 것이다. 내부적으로 데이터과학자가 고객 문의 데이터, 채팅 로그 등 데이터를 자연어 처리

(Natural Language Processing, NLP) 모델로 훈련시켜 고객의 질문을 이해하고 적절한 답변을 생성하는 챗봇을 만들 수 있다. 또 다른 방식으로는 내부에서 모델을 직접 개발하는 대신 챗지피티 API를 통합해 고객의 질문에 응답하는 시스템을 구축할 수도 있다. 이 과정에서 데이터과학자는 API를 설정하고, 챗봇이 기업의 특정 요구사항에 맞게 동작하도록 조정하며, 챗봇의 성능을 모니터링하고 개선하는 역할을 한다. 이를 통해 개발 시간을 단축하고 유지 보수 비용을 절감하면서도 고품질의 고객 서비스를 제공할 수 있다.

## 06
# 공공 영역의 데이터과학자

공공 영역의 목표는 사회 전반에 이익이 되는 것으로, 데이터과학자의 업무도 사회적 목표에 집중한다. 데이터과학자의 소속은 공공기관이 아니더라도 정책 개선, 사회 문제 예측, 안전 확보 등 공익적 목적에 기여할 수 있으며 온라인 커뮤니티 데이터 등 다양한 데이터를 활용한다. 공공 빅데이터 활용과 사회적 목표의 내용, 구체적인 사례를 정리했다.

AI와 야구?

## 공공 빅데이터

데이터 처리와 활용은 비즈니스 분야에서 더 빠르게 성장했지만 데이터가 먼저 생성된 것은 정부나 공공 영역이다. 정부와 공공 영역은 행정 처리를 위해 국민의 개인정보 데이터를 기본적으로 가지고 있고, 이 데이터는 비록 단순하고 분리되어 있지만 방대한 자료임은 틀림없다. 비즈니스 분야와 마찬가지로 공공 영역에서도 다양한 행정 서비스 및 정책 개선에 빅데이터를 활용하고 있다. 교통, CCTV, 세금 등 데이터가 양과 질적으로 모두 확대되면서 공적 서비스가 발전했기 때문이다. 그리고 법률, 의료, 언론 등 산업 분야와의 융합도 필수적인 요소가 되었다.

비즈니스 분야에서는 데이터가 곧 경쟁력이므로 공개하기 어렵지만 공공 영역에서는 반대로 데이터를 공개하는 것이 일반적이다. K-ICT 빅데이터 센터에는 AI Hub, 통합데이터지도, 국가통계포털 등 다양한 데이터에 대한 정보를 찾을 수 있다. 일부 데이터는 유료로 다운로드해야 하지만 특정 분야의 단어 말뭉치부터 이미지 데이터까지 여러 형태의 데이터가 분야별로 정리되어 있다. 이러한 공공 빅데이터의 장점은 데이터 수집 과정이 필요하지 않다는 점이다. 개인이 빅데이터를 직접 수집하는 것은 접근성과 기술 면에서 한계가 있다. 또한 개인을 식별할 수 없게 처리된 데이터를 활용하면 개인 정보 이슈와 같은 법적 문제에서 자유롭고, 공공기관에서 공개한 데이터이므로 출처에 대해서도 신뢰성을 확보할 수 있다. 따라서 공공 빅데이터를 활용할 때에는 반드시 출처를 밝히는 것이 좋다.

공공 빅데이터의 단점은 하나의 데이터셋으로 의미 있는 분석이 어렵다는 점이다. 일반적으로 데이터과학자가 수집하거나 선정하는 데이터는 구체적인 목적으로부터 출발하므로 데이터 처리 과정만 거치면 다양한 인사이트를 기대할 수 있다. 그러나 공공 빅데이터는 다양한 목적을 위해 수집된 데이터여서 단편적이므로 관련된 여러 데이터를 함께 활용해야 한다. 공공 빅데이터를 활용한 사례 중에서 '긴급차량 우선시스템 입지 선정을 위한 빅데이터 분석'에서는 119 신고 접수, 출동 센터 위치 정보, 차량 GPS 궤적, 교통 신호기 정보, 도로 네트워크 등의 데이터가 활용되었다. '지역별 치매 위험도 예측 분석'에서도 라이프스타일 AI 모델링을 위해 가구별 거주 및 소득 데이터, 공동주택 정보, 지역별 인구 및 가구 통계 등을 활용했다. 이처럼 공공 빅데이터는 결합할 수 있는 여러 데이터를 함께 활용할 경우 목표 달성이 가능하며, 데이터과학자의 역할은 예측이나 최적화를 위해 데이터를 '잘' 선택하고 통합하는 일이다.

## 사회적 목표

공공 분야는 개인의 이익보다 국가나 사회 구성원을 위한 정책 및 행정과 관계된 개선 방안에 관심이 있다. 특히 예측 모델링은 안전이나 부정적 상황을 예방하는 것에 집중된다. 예를 들어 코로나 재유행 시 감염률, 사망률, 백신 효과를 예측하거나 강력 범죄자의 재범을 예측할 수 있다. 이 외에도 공공 영역에서 잠재적 아동 학대, 고독사, 자살 등의 예측에도 관심이 많은데 이러한 대상으로 모델링을 하는 것은 어렵다. 아동 학대의 경우 주로 사망 사건이 발생했을 때 사회적 관심을 받지만 전체 사건 중에 실제 사망하는 사례가 모델링을 할 정도로 많지 않고, 사망하는 사례 내 공통 속성도 잘 발견되지 않기 때문이다. 고독사와 자살 문제도 다양한 사회적, 심리적, 환경적 요인이 복합적으로 작용하며 개인의 사생활과 관련된 민감한 정보가 많아 데이터 수집의 어려움이 있다.

공공 영역에서 데이터과학자의 활동은 정치 및 커뮤니케이션과 관련된 부분에서도 활발하다. 정치인, 정당 등의 지지율과 평판 분석, 단어 선택에 따른 정당 또는 정치인에 대한 긍정/부정 평가 변화 실험, 총선이나 대선 등 선거 시즌에 시간 변화에 따른 지지율 변화와 이슈 간 관계 분석, 새로운 정책에 대한 요구/방향/개선/내용 등을 조사해 정책 효과를 예측하는 것 등 다양하다. 유명한 사례로 2016년 미국 대선 결과를 예측한 '모그IA'가 있다. 구글, 페이스북, 트위터, 유튜브 등 소셜네트워크 서비스(SNS)에서 수집한 2000만 개의 데이터와 후보와의 연관성을 분석해 도널드 트럼프가 승리할 것을 예측했다.

소셜미디어 데이터는 공공 분야 데이터과학자에게 중요한 데이터 소스다. 가장 많이 활용되는 출처는 온라인 커뮤니티와 언론사 데이터로, 다른 출처에 비해 데이터 수집에 큰 제한이 없다. 온라인 커뮤니티는 비즈니스 영역에서도 상품 리뷰나 추천과 관련해서 많이 활용하는데, 공공 영역에서도 비슷한 목적으로 사용한다. 예를 들어 저출산 정책에 대한 맘카페의 의견, 불법 거래 관련 게시글, 특정 집단에 대한 혐오 발언을 분석 대상으로 선정해 데이터를 수집할 수 있다. 언론사의 경우 빅카인즈(BIGKINDS)라는 뉴스 빅데이터 서비스로부터 데이터를 일부 다운로드할 수 있으며 더 많은 기사를 원한다면 직접 언론 기사를 수집할 수도 있다. 네이버 뉴스는 댓글과 댓글에 대한 '좋아요' 정보도 받을 수 있어 다양한 분석이 가능하다.

## 활용 사례

공공 분야의 업무 사례는 텍스트마이닝 기법을 활용하는 경우가 많다. 텍스트마이닝이란 텍스트로부터 유의미한 정보를 도출하는 방법론으로, 유의미한 정보에는 패턴과 경향성 등이 포함된다. 패턴과 경향성에는 사람들의 평가, 의견, 편견, 불만, 동조 등의 내용뿐만 아니라 그 공통성을 잘 분석하면 자동화가 가능하다는 장점이 있다.

비교적 최근 사례인 '자살유발정보 모니터링 센터 구축 방안 마련 연구'라는 정부 용역 과제에서는 사람이 하던 모니터링에서 자동화 시스템을 통한 모니터링 전환을 위한 데이터 분석과 전략을 제안했다(박형민 외, 2023). 분석의 목적은 검색 기반 모니터링의 한계점을 보완하고 자살 관련 내용 구성을 확인해 키워드와 내용 변화를 포착하는 것이다. 이를 위해 디시인사이드, 트위터, 네이버 카페 게시글을 수집했고 비교적 자동화 구현에 용이한 텍스트 네트워크 분석을 실시했다. 분석을 하기에 앞서 기존 검색 키워드에서 자동 검색을 위한 키워드 재선정 과정을 거쳤다. 자살의 초성인 'ㅈㅅ'은 실제 온라인에서 대부분 '죄송'으로 쓰이고 '자해'의 'ㅈㅎ'도 특정인의 이름이나 다른 의미로 쓰이는 경우가 많았기 때문이다. 이 과정 없이 자동화 시스템을 구현하면 관련 없는 데이터가 수집되고 분석될 가능성이 높다. 그리고 데이터 수집 출처별로 같은 키워드라고 해도 내용이 다른 경우가 있어 모니터링을 위한 매체 선정 분석이 선행되어야 함을 강조했다.

또 다른 사례는 사회 문제 해결과 관련된 것으로, 어떤 문장에서 표현이 혐오 발언인지 아닌지 판별하는 모델 구현이다. 약 3만 5000개 데이터를 학습해 특정 발언의 혐오 발언 여부와 혐오 발언의 카테고리를 가려내는 '혐오 발언 분류기'가 개발되었다(유경선, 2022). 혐오 발언의 대상이 되는 카테고리는 국내외 공공 기관들의 혐오 발언 및 차별 관련 보고서와 사회과학 연구를 바탕으로 지역, 종교, 인종 · 국적, 연령, 여성 · 가족, 성소수자, 남성으로 선정했다. 그리고 뉴스 기사의 댓글, 일베, 워마드, 디시인사이드, 오늘의 유머 등 온라인 커뮤니티로부터 데이터를 수집하고 라벨을 붙였다. 이 분류기에 '쿵광이들응 필리핀 그지는 싫지?'라는 문장을 입력하면 혐오 카테고리 중 여성에서 0.74, 인종에서 0.71로 높은 확률값이 나온다. 이 모델의 데이터셋은 깃허브(Github)에 비영리 및 학술 목적으로 공개되어 있어 다른 혐오 카테고리를 추가해 모델 업데이트가 가능하다. 실제로 혐오 발언 분류기가 개발되던 당시에는 장애인 혐오가 사회적으로 부각되지 않았지만 장애인 이동권 시위와 집회가 발생하면서 장애인 혐오 발언이 온라인상에서 증가했으므로 카테고리를 추가할 수 있다. 혐오 발언 분류기는 그 모델의 정확도를 떠나서 사회적 고민을 학문적 연구에 그치지 않고 데이터과학과 사회과학 간 융합 연구로 발전시켰다는 데 의미가 있다. 이러한 융합 연구는 혐오 관련 정책 평가와 연구에 활용될 수 있으며 사회에 실질적인 적용도 가능하다.

### 참고문헌


박형민 외(2023). 자살유발정보 모니터링 센터 구축 방안 마련 연구. 한국형사·법무정책연구원, 한국생명존중희망재단.

유경선(2022.4.24). 코드 3줄로 딱 잡아낸다…'혐오발언 분류기' 탄생, 어떤 일이 생길까. 경향신문. https://www.khan.co.kr/national/national-general/article/202204241702001

HateScore : Human-in-the-Loop and Neutral Korean Multi-label Online Hate Speech Dataset. (2022).

https://github.com/sgunderscore/hatescore-korean-hate-speech?tab=readme-ov-file

## 07
# 현실적 문제와 도전 과제

데이터과학자는 AI 시대에 다양한 도전 과제에 직면한다. 데이터가 부족하거나 접근성이 낮은 상황에서는 유의미한 결과를 도출하기 어려우며, 제한된 비용 내에서 효과적인 분석을 수행해야 하는 압박도 있다. 빠르게 변화하는 AI 기술 환경에 적응하고, 예측하기 어려운 기술 트렌드 속에서 장기적인 전략을 수립하는 것도 중요한 과제다. 더불어, 자동화된 시스템 도입 시 발생할 수 있는 윤리적 · 사회적 문제에도 대비해야 한다.

AI와 윤동주?

## 데이터가 '없다'

데이터과학자에게 데이터는 업무를 위한 필수적인 조건이다. 데이터가 '없다'는 것은 진짜 존재하지 않거나 접근할 수 없다는 것을 말한다. 진짜 존재하지 않는 것은 아무것도 없는 경우와 데이터는 있지만 유의미한 결과를 도출할 수 있는 데이터가 없는 경우로 구분된다. 접근할 수 없다는 것은 개인정보나 보안의 문제로 수집이 어렵거나 데이터가 필요한 이유를 이해하지 못하는 경우를 포함한다.

분석이 어려운 제한적 데이터의 경우를 예를 들면, 특정 항공사에서 기내 판매 상품을 분석해 노선별 상품에 차별을 주어 매출을 높인다고 해 보자. 데이터과학자가 받은 데이터에는 편명, 날짜, 상품별 판매 수, 가격, 좌석 정보, 결제 정보가 있다. 데이터 정보만 보면 분석이 가능할 것 같지만 노선별 상품에 차별을 주는 구매자 정보가 없다. 노선별로 상품의 판매를 집계는 할 수 있지만 예측을 하려면 탑승자 정보가 필요하다. 제한적 데이터만으로 원하는 분석이 불가능한 상황은 데이터과학자의 능력 부족으로 여겨져 신뢰를 잃는 결과로 이어지기도 한다. 그렇다고 해서 데이터를 쌓는 일이 쉽다는 의미는 아니다.

데이터를 수집해야 하는 예로 국가별 위기 상황에 따라 여행자들이 겪는 범죄 위험성을 예측한다고 하자. 코로나19가 발생했을 때, 중국에서 비롯되었다는 사실 때문에 아시아인을 대상으로 하는 혐오 범죄가 유럽을 중심으로 증가했다. 그런데 해외여행자들이나 재외국민들은 강력범죄가 아닌 시비나 소매치기 등 경범죄에 대해 잘 신고하지 않아 데이터가 전무하다. 관련 데이터를 수집하기 위해서는 한국으로 입국 후 온라인 조사를 통해 데이터를 수집할 수 있다. 국가별 조사 내용, 질문 문항, 데이터 구조 등을 설계하는 업무도 데이터과학자의 역할이다. 디지털 전환으로 인해 데이터가 없는 경우는 많이 사라졌지만 데이터과학자가 활용할 수 있는 형태의 데이터가 아닌 경우가 많다. 구조화되지 않거나 파편화된 데이터를 연결하고 통합하는 과정도 데이터과학자의 기본 업무로 인지해야 한다.

## 비용 문제

비용은 데이터과학 분야에서만 하는 고민은 아니며, 모든 분야에서 비용을 절약하려는 노력이 동반된다. 그런데 데이터과학자가 직면하는 비용 문제는 스스로 절약하거나 비용 절감을 위한 전략을 세워야 하는 것이 아니라 데이터 수집, 테스트, 인건비에 대해 제한을 받는 것이다. 그리고 이 비용에는 기간 내 프로젝트를 끝내야 하는 등의 시간 비용도 포함된다.

대기업을 제외하고 대부분 기업에서는 클라우드나 글로벌 IT기업의 데이터 저장소를 활용한다. 국내 유명 콘텐츠 서비스에서 한 달에 사용자가 남기는 데이터가 10테라바이트(TB)에 달했다. 만약 이 데이터로 기계학습하면 몇 배의 용량이 더 필요하고 실제 컴퓨팅 시스템을 사용할 경우에는 상당한 비용이 든다. 결국 데이터과학자에게 가능한 비용이 책정되면 그 비용 내에서 해결을 해야 한다. 샘플링을 하거나 특정 속성을 가진 데이터를 추출하는 방식 등을 활용해 비용을 맞춰야 한다.

모델을 테스트하는 과정에서도 비용이 든다. 마케팅 분야에서는 실제 광고비를 사용해서 테스트를 하는데, 이때 책정된 광고비 내에서 프로젝트가 진행된다. 예를 들어 머신러닝 테스트를 위해 500만원의 비용이 책정되었고 10일 동안 하루에 50만원씩 광고비를 쓸 수 있다고 하자. 그런데 광고를 통해 유입되는 고객의 전환 비용이 만 원이라 50명에게 타깃 광고가 노출되고 나면 더 이상 타기팅이 불가능하다. 그렇다고 기간을 10일에서 5일로 줄인다면 대표성과 신뢰성이 낮아지는 문제가 발생한다. 따라서 제한된 비용 내에서 성공적인 테스트가 가능한지를 판단하고 타당성을 확보할 수 있는 전략도 고민해야 한다.

공공 분야는 데이터과학자를 내부적으로 채용하기 어려우므로 용역 형식으로 프로젝트나 연구 과제에 외부 인력을 활용한다. 이때 노임 단가가 중요한데, 한국SW산업협회의 노임단가표에는 데이터과학자가 포함되지 않는다. 때문에 데이터과학자의 업무와 그 결과에 대해 어떤 기준으로 비용을 책정할 것인지 판단하기 어렵다. 그리고 데이터과학자 업무에는 순수 인건비 외에 데이터 수집, 처리, 모델링 등 수행 비용이 추가되므로 이를 고려해 비용을 책정해야 한다. 발주처에 제공할 수 있는 대략적인 수행 단가 정보표를 만들어 제시하는 것은 비용 협의에 도움이 된다.

## 빠르게 변화하는 AI 기술

AI와 데이터과학 분야는 빠르게 발전하고 있으며, 새로운 도구와 기술이 계속해서 등장하고 있다. 데이터과학자는 지속적으로 최신 기술을 학습하고 적응해야 하며, 이를 실무에 신속하게 적용할 수 있어야 한다. 이러한 변화는 과학자들에게 기회이면서 동시에 여러 가지 어려움에 직면하게 한다. 그리고 실제 일을 하면서 새로운 기술을 습득하는 것도 어렵고 부담이 되는 일이다.

새로운 기술이 등장할 때, 이를 실제 업무에 도입하는 과정에서 여러 장애물이 발생한다. 기존 시스템과의 호환성 문제, 새로운 도구에 대한 팀의 학습 역량, 기술 도입에 따른 비용과 시간 등이다. 더군다나 새로운 기술이 항상 기존 기술보다 우수함을 장담할 수 없으므로 어떤 기술을 채택할 것인지에 대한 전략적 판단도 필요하다. 그리고 새로운 AI 기술들은 더 많은 데이터와 강력한 컴퓨팅 자원을 요구한다. 이는 데이터과학자들이 더 큰 데이터셋을 관리하고, 고성능의 컴퓨팅 인프라를 활용해야 함을 의미한다. 그러나 이러한 자원은 제한적이고, 중소기업이나 소규모 연구 기관은 내부적으로 인프라를 구축하기 어려우므로 외부 자원을 활용할 수밖에 없다. 여기서 다시 비용 문제가 발생할 수 있으며, 대규모 데이터 처리와 관련된 기술적 복잡성도 추가적인 부담이 될 수 있다. 따라서 담당하는 프로젝트의 규모, 활용할 수 있는 인프라, 외부 플랫폼 비용 등 정보를 숙지하고 있는 것이 도움이 된다.

## 불확실성과 리스크

AI 기술 트렌드는 예측하기 어려워 현재 유망해 보이는 기술이 빠르게 사라지거나 더 이상 사용되지 않을 수도 있다. 데이터과학자는 이러한 불확실성 속에서 미래를 예측하고 장기적인 기술 전략을 수립해야 한다. 단기적인 성공에 집중하기보다 지속 가능한 기술 활용 방법을 모색해야 하는 도전 과제가 존재한다.

사람이 하던 일을 AI를 통해 자동화하면 비용이 절감되고 업무 효율성이 높아지지만 다른 문제를 야기하기도 한다. 예를 들어 AI 상담원의 등장은 상담원의 물리적 수를 감소시켜 노조의 반발을 살 수 있다. 이때 데이터과학자는 음성 내용에서 악성 민원인을 판별하고 AI 상담원이 해결할 수 있는 단순 문의와 상담원들이 직접 담당해야 하는 문제를 구분할 수 있다. 결과적으로 전체 상담원에서 어느 정도 인력이 감소하는 것은 막기 어렵지만 상담원을 감정노동으로부터 보호하고 업무가 질적으로도 향상될 수 있음을 강조할 수 있다.

최근에는 고객이 생성형 AI의 취약한 부분을 악용해 AI 챗봇이 성희롱하는 발언을 하게끔 유도하고 역으로 회사를 고소한 일이 있었다. 챗봇을 통해 허위 정보를 퍼뜨리거나, 특정 인물이나 집단을 비방하는 내용을 생성하도록 유도하는 사례도 보고되고 있다. 이러한 상황에 대비하기 위해서는 학습 데이터의 콘텐츠 필터링을 강화하고 실시간 모니터링 시스템을 구축해 문제가 될 수 있는 발언이 감지되면 상담을 중단하거나 관리자에게 알리는 프로세스가 필요하다. 또한 AI 챗봇의 사용 정책과 책임 한계를 명확히 공지해서 고객과의 상호작용에서 발생할 수 있는 법적 리스크를 최소화하는 것이 중요하다.

## 08
# 데이터과학자로의 전환

데이터과학을 전공하지 않은 이공계, 사회과학 전공자 및 실무자들이 데이터과학자로 직업을 택하고자 할 때 성공적인 전환을 위해 필요한 추가적인 학습과 준비 사항을 제시한다. 각 전공자와 실무자들이 가지고 있는 고유한 강점이 데이터과학에서 어떻게 활용될 수 있는지, 반면에 어떤 기술적 또는 방법론적 부족함이 있을 수 있는지를 분석하고, 이를 보완하기 위한 현실적인 해결책을 제안하는 데 중점을 두었다.

AI와 한의학?

## 이공계 전공자

데이터과학은 통계학, 컴퓨터과학, 수학 등 이공계 학문을 기반으로 발전해 왔기 때문에 데이터과학자 중 이공계 전공자의 비율이 상대적으로 높은 편이다. 이러한 배경은 이공계 전공자들이 데이터과학의 기술적 요구 사항을 이해하고, 문제 해결에 필요한 분석적 사고를 적용하는 데 유리하다. 반면에 데이터과학의 복잡한 요구 사항을 충족하기 위해서는 추가적으로 학습하고 준비해야 할 사항들도 존재한다. 데이터과학자의 핵심 역량에서 다루었듯이 기술적인 전문성만으로 직무를 수행하는 것에는 한계가 있다.

이공계 전공자들은 데이터과학자로 직무를 전환할 때 몇 가지 중요한 이점이 있다. 먼저, 이들은 수학적, 통계적 분석에 강점을 가지고 있어 데이터를 기반으로 한 문제 해결에 능숙하다. 이공계 학문에서는 논리적 사고와 체계적인 접근법이 중요한데, 이는 복잡한 데이터 분석 문제를 효과적으로 다루는 데 큰 도움이 된다. 또한 이미 프로그래밍 언어와 컴퓨터과학의 기본 개념에 익숙하고 컴퓨터 시뮬레이션, 데이터 분석, 소프트웨어 개발 등 학문을 학습하므로 데이터과학에서 필요한 파이썬이나 R과 같은 프로그래밍 기술을 빠르게 습득하고 활용할 수 있다. 이러한 기술적 역량은 데이터 처리, 알고리즘 개발, 소프트웨어 구현 등 데이터과학의 과제를 신속하게 해결하는 데 기여할 수 있다.

데이터의 처리와 머신러닝 모델링은 이제 이공계 전공자가 아니어도 빅데이터 또는 AI 솔루션 서비스로 가능한 시대다. 반면에 데이터의 선정과 가공, 적절한 방법론의 선택 등은 아직 데이터과학자의 업무로 남아 있다. 이에 이공계 전공자들이 데이터과학자로 일할 때 가장 중요한 역량은 데이터 리터러시다. 데이터를 기계적으로 처리하는 능력은 뛰어나지만, 데이터의 출처, 신뢰성, 편향성을 평가하고 적절한 결론을 도출하는 데이터 리터러시 역량이 부족할 수 있다. 또한 이공계 전공자들은 수학적인 배경이 있더라도 통계나 확률을 활용한 데이터 분석 방법론에는 익숙하지 않을 수 있다. 기계나 컴퓨터 분야가 아닌 현실 사회에서 통계와 확률 개념이 어떻게 활용되는지를 학습하는 것은 필수다.

데이터과학에서는 기술적 측면뿐만 아니라 비즈니스적 이해와 의사소통 능력도 중요하다. 데이터 분석 결과를 이해관계자에게 명확하게 전달하고, 비즈니스 목표와 분석 목표를 일치시키는 능력을 키워야 한다. 마지막으로, 이공계 전공자들은 윤리적 문제에 대한 고려가 부족할 수 있다. 데이터 활용 과정에서 발생할 수 있는 윤리적 문제나 위험성까지 예측할 수 있어야 하므로 구체적인 윤리적 기준과 사례를 습득하는 것은 도움이 된다.

## 사회과학 전공자

최근 몇 년 동안 데이터과학의 응용 범위가 확대되면서 사회과학, 경제학, 경영학 등 비이공계 전공자들도 데이터과학 분야로 진출하는 경우가 늘어나고 있다. 데이터과학이 단순한 기술적 역량뿐만 아니라 도메인 지식과 문제 해결 능력을 요구하기 때문에, 다양한 학문적 배경을 가진 사람들이 데이터과학자로 활동하게 된 것이다. 사회과학 전공자들이 가진 고유한 분석적 사고와 도메인 이해는 데이터과학과 결합해 새로운 가치를 창출할 수 있다.

사회과학 전공자는 복잡한 인간 행동, 사회적 구조, 경제적 시스템 등을 이해하고 분석하는 훈련을 받는다. 이러한 역량은 데이터과학에서 다루는 복잡한 문제에 대한 통찰을 바탕으로 데이터 분석 결과를 해석하고 그것이 실제 사회적, 경제적 맥락에서 어떻게 적용될 수 있는지를 이해하는 데 중요한 역할을 한다. 또한 사회과학자들은 정성적 · 정량적 연구 방법론에 대한 깊은 이해를 바탕으로 데이터 수집 및 분석 과정에서 발생할 수 있는 다양한 편향성과 오류를 식별하고 교정하는 데 강점을 보인다. 예를 들어 생성형 AI는 혁신적인 기술이지만 윤리적 문제가 끊임없이 제기되고 있는데, 불확실성을 예측하고 발생 가능한 사회적 문제를 예측해 리스크를 줄일 수 있다. 이 외에도 사회과학 분야에서 강조되는 의사소통 능력, 복잡한 데이터를 이해하기 쉽게 전달하는 능력, 다양한 이해관계자와 효과적으로 협력할 수 있는 능력은 데이터과학 프로젝트의 성공을 위해 매우 중요하다.

데이터과학자로 전환하는 데 사회과학 전공자의 가장 큰 도전 중 하나는 기술적 역량의 부족이다. 사회과학전공자도 통계 분석이나 데이터 탐색을 위한 일부 프로그램을 사용하지만 데이터과학에서 요구하는 고도의 기술적 분야와 다르다. 사회과학 전공 내에서는 별도의 과목으로 제공되지 않으므로 사회과학 전공자에게 프로그래밍 언어 학습은 부담이 된다. 그런데 코딩과 프로그래밍 언어를 학습하는 과정에서 가장 많이 범하는 오류 중 하나가 개발자처럼 코딩을 배우려는 것이다. 데이터과학자는 복잡한 소프트웨어를 개발하는 것이 아니라, 데이터를 분석하고 문제를 해결하기 위한 도구로서 프로그래밍을 활용해야 한다. 따라서 학습의 목표는 '프로그래머'가 아닌 프로그래밍 언어 '활용'이 되어야 하며, 실제 데이터로 실습하며 습득하는 것이 좋은 방법이 된다. 또한 통계학과 수학적 모델링에 대한 심화된 이해가 부족할 수 있는데, 개념 위주의 학습이 아닌 사례를 통해 이해하는 것이 필요하다. 여기서 '사례'는 프로그래밍 언어 학습과 마찬가지로 실제 데이터의 예시 결과나 직접 데이터로 실습을 해 보는 것 등이다.

사회과학 전공자는 대규모 데이터 처리와 데이터 엔지니어링 능력에서도 한계를 보일 수 있다. 데이터 파이프라인 설계, 대용량 데이터베이스 관리, 클라우드 컴퓨팅 등의 기술은 데이터과학에서 필수적이기 때문이다. 데이터 엔지니어링에 대한 지식을 통해 분석할 데이터를 더 잘 준비할 수 있으며, 모델 학습 속도를 높이는 등 효율성을 증대시킬 수 있다. 물론 사회과학 전공자에게 데이터 엔지니어의 깊은 전문성까지 요구하지 않지만, 데이터 엔지니어링의 기초적인 개념을 이해하는 것은 필요하다. 이 두 직무는 서로 보완적인 관계로, 협업을 통해 최상의 결과를 도출하는 것이 이상적이다.

## 실무자

대학이나 대학교에서 데이터과학에 대한 관심이 없었지만 조직의 요구나 개인적 관심 때문에 데이터과학자로 전환하는 경우가 있다. 이때 가장 큰 장점은 그 분야에 대한 깊은 도메인 지식을 바탕으로 업무를 수행할 수 있다는 점이다. 예를 들어 금융업에서 오랫동안 근무한 사람이 데이터과학자로 전환한다면 금융 시장의 복잡한 구조와 고객 행동 패턴을 잘 이해할 수 있다. 또한 실무 경험을 통해 구축된 네트워크와 현업에서의 문제 해결 능력은 데이터과학자로서 프로젝트를 효과적으로 추진하고 결과를 실질적인 비즈니스 결정에 반영하는 데 매우 유리하다. 특정 분야의 전문가가 데이터과학자가 된다면 단순한 기술적 분석을 넘어 현업에 바로 적용 가능하다는 강점이 있다.

반면 실무자가 데이터과학자로 전환할 때에는 몇 가지 도전 과제가 존재한다. 첫째로, 기술적 역량의 격차를 해소해야 하는 문제가 있다. 이는 사회과학 전공자와 유사하지만, 실무자는 이미 현업에 종사하고 있어 학습 경험이 없다면 따로 시간을 할애해야 하는 부담이 있다. 둘째 문제는 기존 문제 해결 방식에 익숙해져 새로운 접근 방식을 받아들이는 데 어려움을 느낄 수 있다는 점이다. 기존 도메인 지식이 오히려 데이터 분석 과정에서 편향을 초래하거나 새로운 데이터 기반 접근 방식을 도입하는 데 방해가 될 수 있다. 이러한 문제를 해결하기 위해서 워크숍이나 세미나 등에 참여해 다양한 실무 사례를 접하고 새로운 기술과 방법론을 점진적으로 익혀 실무에 적용할 수 있다. 그리고 기존 실무자가 하던 업무와 유사한 분야에서 작은 규모의 프로젝트로 시작해서 리스크를 최소화하고 학습한 기술을 실무에 적용하는 기회를 마련하는 것이 필요하다.

## 09
# 데이터과학자의 커리어 패스

데이터과학자의 커리어 패스는 개인의 목표와 상황에 따라 다양하다. 대학과 대학원에서의 전공 선택, 실무 경험, 연구 등 경로마다 요구되는 전문성과 전략도 다르다. 이러한 경로에서 직면할 수 있는 도전과 기회를 분석해 자신의 목표에 맞는 최적의 경로를 선택하고 궁극적으로 성공적인 커리어 발전을 위해 필요한 내용과 방향성을 제시했다.

AI와 화장품?

## 대학과 대학원

대학이나 대학원 전공의 중요성은 채용하는 분야나 직무가 전공과 얼마나 관련있는가에 따라 달라진다. 그리고 경력이 전혀 없는 졸업자는 전공이 그 분야의 전문성을 보여 주는 거의 유일한 정보이기도 하다. 데이터과학자에게도 선호하는 전공이 있지만 데이터과학자 직무에서 도메인 지식이 강조되고 있고, 이 직업에 학위가 필요한지는 진로 결정 과정에서 중요한 고민이다.

데이터과학 분야로 진로를 정했다면 데이터사이언스학과에 진학하는 것이 가장 합리적이다. 대부분 데이터사이언스학과는 데이터과학자를 양성하는 교육과정으로 구성되어 있고 학교별로 내용도 비슷하다. 만약 특정 도메인 지식이 요구된다면 이중전공이나 복수전공 등 프로그램을 통해 획득할 수 있다. 데이터사이언스 학부생이나 전공이 아닌 학생도 자신이 의지가 있다면 빅데이터나 데이터사이언스 학과 수업을 수강하는 방법이 대안이 된다. 어떤 경우라도 졸업 이전에 실무 역량을 쌓을 수 있는 프로젝트 수업이나 캡스톤디자인 수업을 수강할 필요가 있다. 기본적으로 캡스톤디자인 수업은 팀으로 구성되어 목표 설정부터 데이터 수집, 분석, 실질적인 결과까지 전체 과정에 참여해 볼 수 있다는 장점이 있다. 특히 교내에서 캡스톤디자인 수업을 지원하는 별도의 사업이나 경진대회가 있다면 되도록 참여하는 것이 좋다. 예를 들어 교육부와 한국연구재단의 링크3.0(LINK3.0) 사업은 산학협력 기반 종합 지원으로 인재를 양성하는 목적으로 총 135개 학교에 지원을 하고 있다. 이 사업이 지원하는 수업에서는 산업체가 제시하는 주제로 프로젝트를 수행할 수 있으며 기업과 기관의 전문가로부터 직접 멘토링을 받을 수 있는 기회를 제공한다. 데이터과학자 직무는 전공에서 탐구한 이론이나 방법론을 실제로 적용하는 것이 중요하므로 이러한 경험은 채용에 긍정적인 영향을 준다.

대학원에서는 깊이 있는 지식과 연구 능력을 개발할 수 있다는 것이 특성이자 목적이다. 학부에서 머신러닝, 인공지능, 고급 데이터 분석 기법 등의 이론적인 부분을 다루지만 대학원에서는 실제 데이터를 통해 분석하고 연구하는 데 집중할 수 있다. 수업 외에도 연구 프로젝트에 참여할 수 있는 기회가 대학원에서는 주어지며, 이는 실질적인 문제 해결 능력을 키우는 데 도움이 된다. 따라서 석사 학위나 박사 학위는 높은 수준의 전문성을 요구하는 데이터과학 직무에 지원할 때 경쟁력을 높여 준다. 실제로 연구소, 대기업 데이터팀, R&D 중심의 기업, 공공기관의 데이터과학자 채용에서 석사나 박사 학위를 요구하는 경우가 많다. 또한 대학원에서는 교수, 동료 연구자, 산업계와의 협력을 통해 네트워크를 확장할 수 있다. 이러한 네트워킹은 졸업 후의 취업 정보 획득이나 연구 기회 탐색에 도움이 된다.

## 초기 커리어 단계

대학 졸업 후 대학원 진학과 바로 취업하는 것 중 무엇을 선택할지는 데이터과학자로서의 커리어 목표와 현재의 상황에 따라 다르다. 학계나 연구 중심의 경력을 계획하고 있다면 대학원 진학이 더 적합하지만, 실무에서 다양한 산업 경험을 쌓고 싶다면 바로 취업하는 것이 좋은 선택이 된다. 그리고 현재의 학부 과정에서 배운 것만으로는 부족하다고 느끼고, 더 심도 있는 지식을 원한다면 대학원 진학이 도움이 된다. 반면 이미 실무에서 필요한 기술들을 충분히 습득했다고 생각한다면 바로 취업해서 실무 경력을 쌓는 것이 좋다.

졸업 후 실무 진출은 데이터과학자로서 실질적인 기술을 빠르게 습득하고 적용할 수 있는 기회를 제공하는데, 특히 데이터 분석, 모델링, 도구 사용 등 기술을 지속적으로 발전시킬 수 있다. 실무 경험과 성과는 주니어 데이터과학자로서 경력 초기의 성장을 촉진하는 데 매우 유리하다. 그리고 데이터과학자는 여전히 수요가 많은 전문직이므로 관련 역량을 갖춘 졸업생이라면 취업 시장에서 경쟁력이 있어 원하는 직무에 취업할 가능성이 높다.

처음 데이터과학자로 취업하는 사람이거나 주니어 과학자라면 데이터분석가, 데이터엔지니어, BI(비즈니스 인텔리전스) 분석가 등 데이터 관련 역할을 담당할 수 있다. 바로 데이터과학자 직무를 맡지 않더라도 이러한 역할을 통해 실무에서 데이터 처리와 분석 기술을 연마할 수 있다. 그리고 주니어 데이터과학자에게는 고도의 기술이 필요한 업무나 과도한 책임이 주어지지 않으므로 환경에 적응하는 것에 집중할 필요가 있다. 특히 학부 과정에서 배운 내용은 바로 실무에 적용하기 어려우므로 데이터과학 관련 온라인 학습이나 커뮤니티, 세미나 등을 통해 기술과 도구 활용을 훈련해야 한다.

초기 커리어 단계에서는 기대했던 성과가 나오지 않거나, 분석 결과가 실질적인 비즈니스 가치를 창출하지 못할 수 있다. 이런 경우 데이터 준비 단계부터 모델 학습까지 실패의 원인을 분석하고 검토하는 것이 중요하다. 회사 내부에 경험이 많은 멘토에게 피드백을 받아 오류를 개선하는 것도 좋은 방법이다. 멘토는 때때로 데이터과학자가 아닌 비즈니스 전문가일 수 있다. 기술적 역량 외에 비즈니스 이해도 부족으로 성과를 내기 어려운 때도 있기 때문이다. 실패를 줄이기 위해서는 데이터 분석이 회사의 비즈니스 목표와 어떻게 연관되는지를 이해하고, 분석 결과가 실질적인 비즈니스 가치를 창출할 수 있어야 한다. 이를 위해 자신이 속한 도메인 지식을 습득하고, 관련 부서와 협업에 힘쓰고 복잡한 분석 결과를 쉽게 전달하는 능력을 연습해야 한다.

## 연구직 데이터과학자

연구자로서 데이터과학자 커리어는 고도의 전문성을 요구하는 만큼 석사나 박사 학위는 필수적이다. 이러한 고급 학위 과정에서 연구자는 학부 과정에서 배운 기초적인 데이터과학 기술과 이론을 심화하고, 새로운 방법론을 개발하거나 실질적인 문제를 해결하는 연구를 수행한다. 특히 박사 학위는 독립적인 연구 능력을 증명하는 중요한 요소로, 학계나 연구소 채용에서 큰 경쟁력을 제공한다.

연구직 데이터과학자는 주로 기업의 연구소, 정부 기관의 연구 부서, 학계(대학 및 연구 기관)에서 활동하게 된다. 그리고 연구직은 새로운 알고리즘이나 모델을 개발하고 특정 문제를 장기간에 걸쳐 연구하므로 일반적인 데이터과학자보다 긴 시간이 주어지는 대신 더 깊이 있는 고찰과 분석을 요구한다. 팀보다는 혼자 일하는 경우가 많고, 자신의 연구 주제를 설정하고 이를 탐구해 나가는 독립적인 업무가 주를 이룬다. 연구직 데이터과학자는 주로 '연구원'이나 '연구위원'으로 불려 그 직업 특성이 잘 드러나지 않는 편이다. 산업계 연구소에서 데이터과학자는 새로운 머신러닝 알고리즘의 개발이나 빅데이터 처리 기술의 향상 등 산업적 활용 가능성이 높은 연구 주제를 다룬다. 정부 기관이나 공공연구원에서는 공공 정책이나 사회 문제 해결을 위한 연구를 수행하며, 사회적 가치와 공익을 위한 데이터 분석에 초점을 맞춘 연구 주제를 다루어 정책을 지원한다. 학계의 데이터과학자는 자신의 연구 분야를 지속적으로 탐구하며, 논문 발표를 통해 학문적 지식을 널리 확산하고 새로운 데이터과학자들을 양성하는 역할을 담당한다.

연구직 데이터과학자는 결과물이 바로 실용화되지 않을 수도 있고, 성과를 내는 데 시간이 걸릴 수 있다. 따라서 연구자는 자신의 연구가 궁극적으로 어떠한 가치를 창출할 수 있는지에 대해 명확한 목표를 설정하고, 장기적인 비전을 가지고 연구를 진행해야 한다. 또한 여러 연구자가 함께 참여하는 프로젝트가 있지만 기본적으로 독립적인 연구를 수행하므로 커리어 발전을 위해 네트워킹에 힘써야 한다. 학회 참석, 논문 발표, 연구 협업 등을 통해 다른 연구자들과 교류를 확대하고 자신의 연구를 알릴 기회를 만들어야 한다. 데이터과학 분야는 빠르게 성장하므로 국내뿐만 아니라 국제 학회나 해외 연구자 네트워크도 구축하고 비즈니스 영역의 최신 동향과 기술을 지속적으로 파악하는 것이 중요하다.

### 참고문헌

교육부 공식블로그(2022.6.30). 3단계 산학연협력 선도(전문)대학 육성 사업(LINC3.0) 출범식 개최. https://if-blog.tistory.com/13382

Wilson, A.(2022.12.8). "한때는 가장 섹시한 직업이었는데…" 데이터 과학자가 대탈출하는 이유. IT WORLD. https://www.itworld.co.kr/news/268245

## 10
## 변화를 준비하는 데이터과학자

AI의 활용이 일상생활로 확대됨에 따라 다양한 변화를 가져오고 있다. 이러한 변화 속에서 데이터과학자는 AI의 효과적인 활용과 윤리적 문제 및 법적 규제에 대한 철저한 대응을 통해 책임 있는 기술 사용을 보장해야 한다. AI가 점점 더 많은 분야에 통합됨에 따라, 데이터과학자는 AI 기술을 단순히 적용하는 것을 넘어 이를 현실에 맞게 최적화하고, 윤리적 기준을 준수하며, 사회적 신뢰를 구축하는 데 중요한 역할을 수행해야 한다.

종교와 AI?

## 기술 활용의 시대

데이터과학자는 2022년 기준 데이터 산업 전체에서 차지하는 비중이 2.5%로 가장 낮으며, 향후 5년 내 전 산업에서 가장 부족한 인력이다(한국데이터산업진흥원, 2023). 이러한 현상은 AI 기술 활용이 급격히 확산되는 시대인데 비해 이를 실질적으로 적용할 수 있는 전문 인력이 충분히 양성되지 않고 있는 데서 비롯된다. AI 기술은 다양한 산업에서 필수적인 도구로 자리 잡고 있지만, 이를 효과적으로 활용할 수 있는 데이터과학자는 여전히 부족한 것이다.

기술 활용의 대표적인 사례인 생성형 AI는 텍스트, 이미지, 음악 등 데이터를 생성할 수 있어 다양한 분야에서 사용되고 있다. 여기서 데이터과학자의 역할은 생성형 AI 활용을 위한 데이터 준비, 모델 선택 및 최적화, 서비스 개선 등이다. 비즈니스 영역뿐만 아니라 공공 영역에서도 다양한 요구가 발생하므로 데이터과학자는 이에 대응할 수 있어야 한다. 생성형 AI의 대표적 모델 성능과 특성 정보를 빠르게 습득해야 하며, 내부 보안이나 비용 등 문제도 고려해야 한다. 그리고 요구 사항은 대부분 추상적이거나 생성형 AI 자체를 도입하는 단순한 목적일 수 있다. 유행에 반응하는 것이 아니라 이 기술을 통해 개선할 수 있는 실질적 목표를 세우고 구체적인 과정을 설계해야 한다.

보안상 외부에서 개발한 AI 기술을 그대로 사용하기 어려운 경우는 크게 두 가지로 구분된다. 첫째로 챗지피티는 대부분 영어 기반 정보로 학습되어 특정 국가나 도메인에 대한 정보가 불확실해 정확한 정보를 제공해야 하는 곳에서는 문제가 될 수 있다. 둘째로 법무부와 같이 특수한 개인정보가 많은 기관에서는 데이터와 외부 유출에 민감하므로 AI 기술 활용이 더디게 진행된다. 이러한 정부 기관은 내부에 데이터과학자가 거의 없어서 외부 용역을 활용해야 하지만 많은 제약이 따른다. 따라서 내부적으로 AI 기술 적용을 위한 별도의 시스템을 만들거나 RAG(검색 증강 생성, Retrieval-Augmented Generation)와 같이 정보의 정확도와 신뢰성을 높이는 기술을 대안적으로 활용하는 방법이 요구된다.

AI 기술 활용이 데이터과학자의 중요한 역할이긴 하지만 단순하게 활용만 하는 것은 아니다. 기술을 현실에 적용하거나 효율성을 높이는 일은 기존 기술을 일부 활용하고 새로운 방법론을 개발해야 하는 경우를 포함한다. 예를 들어 판결문이나 수사 기록은 분석을 위해 사람이 직접 읽어 가며 코딩을 하는 방식으로 자료화한다. 이는 시간과 인력이 많이 소요되는 반면 실제 활용할 수 있는 데이터 양이 적고 코딩 실수로 인한 오류 비율이 높다. 따라서 OCR(Optical Character Recognition)과 같은 문자 인식 프로그램으로 텍스트를 가져와 각 변수에 해당하는 텍스트 기준에 따라 기록지 자동화 시스템을 구현할 수 있다. 이러한 시스템 구현은 기존 기술 활용만으로는 한계가 있어 자연어 처리와 코딩 기준을 연결하는 모델링이 필요하다.

## AI의 대중화와 일상화

AI 기술은 이미 다양한 분야에서 사용되고 있지만, 앞으로 더욱 대중화되어 일상생활의 모든 영역에 깊숙이 통합될 것이다. AI 기반 가상 비서, 자율주행차, 스마트홈 시스템 등 일반인이 더 접근하기 쉽고 중소기업이나 개인 개발자들도 AI를 손쉽게 활용할 수 있는 환경이 조성될 것이다. AI의 대중화와 일반화로 AI는 특정 전문가들만의 전유물로 남는 것이 아니라 점진적으로 일상으로 범위를 확대할 것이므로 데이터과학자에게는 새로운 도전 과제가 된다.

AI 플랫폼과 도구는 더 많은 사람들이 쉽게 접근하고 활용할 수 있게 발전하고 있다. 복잡한 알고리즘과 프로그래밍 능력을 갖추어야 가능했던 일들을 사용자 친화적인 AI 플랫폼과 도구의 등장 덕분에 비전문가들도 할 수 있게 되었다. 데이터과학자도 오토엠엘(AutoML) 플랫폼과 도구를 사용함으로써 효율을 높일 수 있으므로 이를 학습하고 적응할 필요가 있다. 다만 도구가 제공하는 편리함 뒤에 숨겨진 한계와 오류 가능성을 파악해야 하며, 실제 문제에 적용할 방법을 강구해야 한다.

AI의 일상화는 AI 서비스가 일상생활로 확장되는 것이다. 목적별로 AI 비서나 조교를 여럿 둘 수 있고, 개인화된 학습 도구로 AI 선생님도 만들 수 있다. 이러한 변화는 AI가 기존 직업을 대체한다기보다 AI와 인간의 협업이 더욱 중요해진다는 것을 의미한다. 복잡한 문제를 해결하고 반복적이거나 계산 집약적인 작업은 AI 기술로 대체하거나 자동화함으로써 인간의 능력을 보완하는 것이다. 의료 분야에서는 AI가 진단을 돕고, 의사는 AI가 제공한 데이터를 바탕으로 더 정교한 치료 계획을 세울 수 있다. 법률 분야에서도 AI가 유사 판례를 검색해 추리고, 판결문 초안을 작성해 판사가 최종 결정에 집중할 수 있는 시간을 제공하고 일관성 있는 판단을 도울 수 있다. 이러한 협업 모델을 성공적으로 이끌기 위해 데이터과학자는 각 산업에서 업무와 관련된 요소들을 파악해야 한다. 판사의 업무를 예로 들면 법적 절차, 판결에서의 요소(형량, 감형 요인, 사건 내용 등) 등이다. 그리고 데이터과학자는 AI가 내린 예측이나 결정을 사람이 쉽게 이해할 수 있게 하는 '설명 가능한 AI(Explainable AI, XAI)'를 개발하고 적용해야 한다. 이는 업무에서 사람들이 AI의 권고를 신뢰하고 적절한 판단을 하는 데 필수적이다.

## 윤리적 문제와 규제

AI 기술은 인류 발전에 기회이며 다양한 혜택을 주지만 부작용도 존재하는 양면성을 가진다. AI의 일상화는 사이버범죄나 딥페이크 등 악용 사례를 증가시켰다. 이러한 문제에 대응하기 위해 유럽연합(EU)은 세계 최초로 포괄적인 인공지능 규제법인 'AI법(AI Act)'을 최종적으로 승인해 인권 침해 요소가 있는 AI 서비스를 전면 금지하기로 했다. 그리고 2025년부터는 인간 수준의 사고력을 지닌 범용 인공지능(AGI)에 대한 규제도 시행될 예정이다. AI 기술의 발전과 더불어 그 부작용과 위험성도 커지고 있으므로 이를 관리하고 사회적 영향을 통제하기 위한 법적 규제의 필요성은 더 증가할 것이다.

AI와 데이터 기술에 대한 법적 규제가 강화되는 상황

에서 데이터과학자는 윤리적 기준을 숙지하고 AI 기술에 대한 투명성과 설명 가능성을 확보해야 한다. 윤리적 문제는 주로 데이터에 기인하므로 데이터 수집, 처리, 분석 과정에서 발생할 수 있는 편향, 차별, 사생활 침해 등을 방지해야 한다. 특히, 혐오 표현이나 약어와 같이 사용하는 사람만 아는 단어들을 데이터 탐색 과정에서 찾아내야 한다. 알고리즘의 훈련 및 테스트 과정에서도 다양한 시나리오를 고려해서 모든 사용자에게 공정한 결과를 제공하는지 확인해야 한다. 자신이 개발하거나 사용하는 AI 모델에 대해서는 어떻게 작동하는지, 어떤 데이터를 기반으로 결정을 내리는지를 설명할 수 있어야 한다. 이는 법적 책임 문제나 윤리적 검토 과정에서 중요한 정보가 되며, 사용자가 모델을 얼마나 신뢰하는가와 직결된다.

윤리적 문제 여부를 개인이 판단하기보다는 법적 규제 내용을 이해하는 것이 중요하다. AI와 데이터 관련 법적 규제에 대한 최신 정보를 지속적으로 확인하는 것은 규제 변화에 적절한 대응이 된다. 아직 국내에는 도입되지 않았어도 각국의 데이터 보호법, AI 윤리 규정, 개인정보 보호 규정 등을 파악하는 것은 차후 업무 반영을 위한 준비 과정이 된다. 그리고 윤리적 문제와 규제 강화는 윤리성의 기준을 세워 AI 모델 자체의 윤리성을 확보하고 법적 규제를 반영하는 하나의 분야로 발전할 가능성이 있다. 따라서 데이터과학자는 이러한 법적 규제와 윤리적 기준을 구체화하고 AI 모델 개발에 반영해서 책임 있는 기술 사용을 보장해야 한다. 이는 AI와 데이터과학이 신뢰받는 기술로 자리 잡는 데 필수적인 요소가 될 것이다.

### 참고문헌

한국데이터산업진흥원(2023). 2023 데이터 산업 백서.

**이선형**

한국형사·법무정책연구원의 부연구위원이자 서강대학교 사회학과 겸임교수다. 연세대학교에서 사회학 박사학위를 받았다. 퍼포먼스바이TBWA의 데이터팀 팀장(2018~2021)으로 일했고, 2022년부터 서강대학교 사회학과에서 계량분석실습, 연구방법실습, 캡스톤디자인 수업인 소셜 빅데이터 분석 강의를 하고 있다. 최근 수행한 연구 과제는 "자살유발정보 모니터링센터 구축 방안 마련 연구"(2023), "형사정책 분야의 국정과제 기여도 향상을 위한 인공지능기술 적용방안 연구"(2023), "개인 일상모델 기반 일탈탐지 AI 전자감독 기술개발"(2024) 등이 있으며, 주요 논문은 "Generation Mechanism of Social Meanings to 'Anger' Analysis of a Media Report on Violent Crime by Using Word2vec"(2018), "최근 청소년 마약류 범죄 현황과 특성"(2023) 등이 있다